Noël 2022

ISBN : 978-2-263-18092-7
Code éditeur : L18092
Dépôt légal : septembre 2022

Retrouvez-nous sur www.lisez.com

Solar, un département d'Édi8

Imprimé par Graphius en Belgique

MIXTE
Papier issu de sources responsables
FSC® C003309

100 NUANCES DE MBAPPÉ

Fabien Baumann

SOLAR
EDITIONS

INTRODUCTION

FASCINANT

« L'objectif, c'est de gagner la Coupe du monde », balance Kylian Mbappé, le 15 juin 2018, dans *L'Équipe*. Un mois plus tard, la garnement surdoué de 19 ans fait un gros bisou à la coupe toute dorée qu'il a bel et bien remportée.

« Je sens qu'il est temps pour moi d'avoir plus de responsabilités. Peut-être ici à Paris, avec grand plaisir, ou ailleurs pour un nouveau projet », annonce l'infatué gamin de 20 ans aux Trophées UNFP 2019, lorsqu'il reçoit le prix du meilleur joueur du championnat. Trois ans plus tard, le PSG change d'entraîneur et de directeur sportif pour le placer au centre de son projet, lui, plutôt que Neymar ou Messi.

« J'ai toujours voulu être le premier partout. En équipe de France comme en club. Ce qu'a fait Thierry Henry, personne ne l'a fait, mais je pense que je peux arriver à battre son record (de 51 buts en sélection) et bien plus vite qu'on le croit », se vante, à 23 ans, la star sûre d'elle, le 22 mars 2022, après deux nouveaux buts avec la France, alors ses 25e et 26e, contre l'Afrique du Sud (5-0).

Et bien sûr qu'il va y arriver… Parce qu'il est le nouveau Pelé. Il est imprévisible.

Un tir au but raté contre la Suisse (3-3 a.p., 4-5 t.a.b.), à Bucarest, le 28 juin 2021, en huitième de finale de l'Euro. Sur les réseaux de haine et dénonciation, qu'on nomme curieusement « sociaux », Kylian Mbappé est alors victime d'attaques qu'il estime racistes. « Il ne voulait plus jouer en équipe de France », a révélé Noël Le Graët, le président de la Fédération française de football, dans une interview au *JDD*, le 19 juin 2022. Mais l'attaquant s'est vite repris… Parce qu'il n'est pas uniquement un gamin et garnement surdoué, vantard et sûr de lui, pour reprendre quelques adjectifs et substantifs déjà égrenés sur cette page. Les nuances de Mbappé sont plus nombreuses, riches, complexes, savoureuses, drôles, inattendues… Le lecteur découvrira qu'il a étudié trois ans la flûte traversière, qu'il aime bien faire le tour du Périphérique parisien en Peugeot 207, qu'à ses débuts avec Monaco il marquait souvent de la tête, qu'il adore le Monopoly, qu'il a fait naguère beaucoup de peine à un gros éléphant (en peluche) mais qu'il est généralement sympa avec ses ex. Cent qualificatifs conviennent à Kylian Mbappé, sauf un… Sur le terrain et en dehors, il n'est jamais prévisible. Et c'est pour cela qu'il est fascinant.

Fabien Baumann

SOMMAIRE

CARRIÈRE 1

C'est le nouveau PELÉ

Le 3 septembre 2017, Arsène Wenger, invité de *Téléfoot* sur TF1, est interrogé sur la nouvelle pépite du football français, transférée quatre jours plus tôt de Monaco au PSG. La réponse du manager d'Arsenal fuse : « Il peut être Pelé. Mbappé n'a pas de limite dans son jeu. » Une déclaration qui soulève alors quelques sourcils étonnés, qui étire quelques sourires en coin…

Mais, dix mois plus tard, plus personne ne s'esclaffe lorsque le roi Pelé lui-même adoube Mbappé en pleine Coupe du monde russe. En huitième de finale contre l'Argentine (4-3), le Français devient le plus jeune joueur à inscrire un doublé dans le tournoi depuis le Brésilien en 1958. « Félicitations Kylian Mbappé, tweete Pelé. Deux buts si jeune en Coupe du monde te placent en bonne compagnie. »

Et puis, le 15 juillet 2018, à Moscou, le numéro 10 bleu marque encore face à la Croatie (4-2), plus jeune buteur en finale depuis le numéro 10 *auriverde* en 1958 (5-2 contre la Suède). Pelé avait 17 ans et 249 jours. Mbappé a 19 ans et 207 jours. « Si Kylian continue d'égaler mes records, je vais devoir rechausser mes crampons », plaisante le plus grand joueur de l'histoire.

Mbappé est le nouveau Pelé. Ce n'est ni une intuition ni un parti pris. C'est une certitude. « Il a la fantaisie de Pelé, pas seulement sa vitesse, reprenait Wenger au printemps 2022. Il a de l'intelligence, une bonne qualité technique, un bon timing dans ses courses, une analyse rapide du jeu. C'est aussi un esprit libre. Il est exceptionnel. »

AURA
2

NON,
il n'est pas le natif de Bondy le plus célèbre

« Bondynois » : depuis l'éclosion de Kylian Mbappé, la France a découvert cet aimable gentilé désignant les habitants de la commune de Seine-Saint-Denis à laquelle on l'associe toujours. Pour autant, l'international tricolore n'est pas le natif de Bondy le plus célèbre de l'histoire. Pour une raison simple : il n'y est pas né ! À l'instar d'André Malraux, il s'est contenté d'y passer toute son enfance. Mais si la ville entend baptiser l'une de ses rues arborées du nom d'un sportif bondynois de naissance, le choix ne manque pas. Suggérons par exemple celui de la merveilleuse athlète Muriel Hurtis, championne du monde du 4 x 100 m en 2003.

PERSO 3

C'EST UN VRAI PARIGOT

Lorsque le Monégasque Kylian Mbappé signe en prêt au PSG, le 31 août 2017, pour un transfert évalué à 180 millions d'euros, la plupart des commentateurs y perçoivent le triomphe de l'argent qatari sur toute autre valeur morale ou sportive. Pas grand monde pour souligner une autre évidence : quoi de plus normal que de voir un footballeur de 18 ans rejoindre le club le plus éminent de sa ville natale ? Quand il prolonge son contrat, en mai 2022, Mbappé lui-même ne tient pas un autre discours devant la foule du Parc des Princes : « Je suis très content de rester ici, en France, à Paris, ma ville. J'ai toujours dit que Paris, c'était ma maison. »

Car c'est dans le XIXe arrondissement parisien qu'est né bébé Kylian, le 20 décembre 1998, fils de Fayza Lamari et de Wilfrid Mbappé Lottin. Cette adéquation entre acte de naissance et contrat de travail n'est guère fréquente dans l'histoire du Paris Saint-Germain : parmi les cinquante joueurs qui ont le plus souvent porté le maillot du club, on ne compte que deux autres Parisiens de naissance (Jean-Marc Pilorget, Mamadou Sakho) et un natif de Saint-Germain-en-Laye (Éric Renaut). Une telle fidélité à ses origines géographiques est encore plus rare dans le gotha mondial : parmi les trente joueurs classés au Ballon d'or 2021, Kylian Mbappé était le seul, absolument le seul, à porter les armes de sa ville natale brodées sur son maillot.

CARRIÈRE 4

On connaît déjà son RIVAL

Après Messi-Ronaldo, Mbappé-Haaland ? L'attaquant norvégien de Manchester City, durant les douze prochaines années, contestera à coup sûr l'accumulation des Ballons d'or par le Français. Plus jeune que Mbappé (de dix-neuf mois), plus grand (1,94 m, contre 1,78 m), meilleur de la tête, moins rapide mais plus puissant, Erling Haaland a lui aussi enchaîné les records de précocité depuis ses débuts pro avec le Bryne FK en 2016. Au terme de la saison 2021-2022, disputée avec le Borussia Dortmund, il cumulait déjà vingt-trois buts en dix-neuf matches de Ligue des champions ! En 2020-2021, ses dix réalisations en huit rencontres lui avaient valu le titre de meilleur buteur de la compétition.

Avant que ne débute la saison 2022-2023, Mbappé le Parisien et Haaland le Citizen ne s'étaient affrontés que deux fois, lors du huitième de finale de C1 qui a opposé le PSG au Borussia en 2020. Dans la Ruhr, le 18 février, Haaland marque les deux buts allemands (2-1), mais Mbappé offre une passe décisive à Neymar après une percée façon 110 mètres haies sur le flanc droit. Au Parc des Princes, le 8 mars, le Français, victime d'une angine, n'entre qu'à la 64e minute, alors que le score final de 2-0 est déjà acquis pour Paris.

Alors, avantage Haaland ? Plutôt, sauf en matière de chambrage. Après la qualification, Mbappé et ses partenaires, hilares, étaient revenus sur la pelouse pour poser dans la posture zen avec laquelle Haaland avait nargué les Parisiens à l'aller…

PERSO
5

IL A UNE VOIX RIGOLOTE MAIS AFFIRMÉE

Kylian Mbappé court vite, mais parle vite aussi, d'une voix qui surprend souvent l'auditeur qui ne la connaît pas, comme si elle émanait d'un personnage de dessin animé. « Ce qui frappe, c'est un certain aspect mécanique dans son élocution, note le coach vocal Perrine Hanrot. Mbappé répète un même schéma musical : il enchaîne des groupes de syllabes assez courts qui ont la même mélodie et la même rythmique, avant d'étirer la voyelle de fin vers les aigus. Tout est toujours saucissonné de la même manière, jusqu'à cette syllabe terminale qui peut monter d'une quinte ou même d'une septième. »

L'effet produit ? « Mbappé, par ce ton monocorde, donne l'impression qu'il n'a pas besoin de réfléchir, que ce qu'il dit était là de toute éternité, poursuit l'auteur de *Crier, parler, chanter – Mystères et pouvoirs de la voix* (éditions Premier Parallèle). On ne trouve presque jamais d'hésitations ni de bafouillages dans ses prises de parole. Il juxtapose des affirmations, emploie peu de connecteurs logiques du type "donc", "du coup" ou "c'est pourquoi". C'est très définitif. »

Mbappé a-t-il la gouaille des footballeurs ? « Il a l'accent caractéristique des jeunes qui ont grandi en banlieue, avec des chuintements,

des « r » très gutturaux qui rappellent l'arabe et des consonnes affriquées, c'est-à-dire prononcées en expulsant un peu d'air, reconnaît Perrine Hanrot. Toute voix est travaillée inconsciemment. Peut-être Mbappé, par cet accent, adhère-t-il pleinement à son groupe social. Mais les termes de gouaille ou de tchatche me paraissent exagérés. »

Car chaque journaliste qui l'a interviewé peut en témoigner : Mbappé reste toujours dans le contrôle face à un micro qui se tend. « Il ouvre peu la mâchoire, articule en devant de la bouche, entre les lèvres, décode l'experte. Il s'exprime peu avec les mains, sans bouger, ce qui contribue à la monotonie de son débit. Il n'y a rien qui dépasse, pas d'émotion, rarement un mot plus accentué qu'un autre. »

Cette voix sert à merveille un art consommé de l'esquive. « Après un match, quand on lui demande pourquoi il a tout le temps passé la balle à Neymar, Mbappé ne se laisse pas entraîner dans la polémique. Il accueille ce qu'exprime la personne, n'essaie pas de la contredire, ne se justifie aucunement mais reformule son opinion ou enchaîne sur une autre déclaration, admire Perrine Hanrot. Ce sont des techniques que j'enseigne en entreprise pour s'affirmer et éviter les conflits ! »

« **IL OUVRE PEU LA MÂCHOIRE, ARTICULE EN DEVANT DE LA BOUCHE. »**

PERRINE HANROT,
coach vocal

JEU 6

IL A FORMÉ SON MEILLEUR DUO AVEC FALCAO

Avec Cavani, ils se sont superbement ignorés sur le terrain et en dehors. Avec Neymar, ils se sont tellement cherchés, dans la surface et à ses abords, qu'ils en ont mille fois oublié Di Maria, Draxler ou Icardi… Finalement, le joueur avec lequel Kylian Mbappé a formé en club le meilleur duo restera peut-être… Radamel Falcao, en 2016-2017 à Monaco.

Pourquoi ces points de suspension au cœur de la phrase précédente ? Pour ménager un effet de surprise ! Car le Français et le Colombien, tout au long de leur unique saison en commun, n'ont été alignés ensemble d'entrée que quatorze fois par Leonardo Jardim, toutes compétitions confondues. Mais avec des statistiques énormes : lors des 1361 minutes qu'ils ont passées en commun sur le terrain, ils ont fait trembler trente fois les filets, soit une moyenne d'un but marqué toutes les 45 minutes par l'un ou par l'autre. La seule équipe à ne pas avoir cédé à Mbappé ou Falcao quand ils étaient cotitulaires ? La Juventus Turin, lors de la seule demi-finale aller de la Ligue des champions 2017 à Louis-II (0-2), car le prodige français marque au retour à Turin (2-1).

Les deux joueurs ne se sont pourtant pas passé si souvent la coupelle de caviar : sur les trente buts qu'ils inscrivent en étant associés, seuls quatre résultent d'une passe décisive de l'un pour l'autre. Plus que leur complicité, c'est leur complémentarité qui mettait au supplice les défenses. Dans le 4-4-2 cher à Jardim, l'un (Mbappé) offrait de la profondeur, de la mobilité et du dribble, l'autre (Falcao), de la justesse, de la lecture de jeu, de l'efficacité. Avec deux points communs : la vitesse d'exécution et la finesse technique. Pour les défenseurs, il fallait donc s'adapter à un adversaire changeant à chaque offensive, tout en redoutant que chaque micro-hésitation soit mise à profit par Mbappé pour détaler ou par Falcao pour surgir. On ajoutera qu'aucun problème d'ego ne faisait grésiller l'association : Mbappé, 18 ans, affichait alors une déférence d'humble moinillon à l'endroit du capitaine monégasque de 31 ans, passé par Porto, l'Atlético Madrid, Manchester United et Chelsea.

Leur chef-d'œuvre ? Sans hésitation la victoire de Monaco face à Lille (4-0), le 14 mai 2017. Ah, ce festival de dribbles de Mbappé face à Béria avant son centre pour Bernardo Silva (2-0, 45e). Oh, cette remise de volée du droit de Kylian pour l'aérien plat du pied gauche de Radamel (3-0, 69e)...

AURA
7

IL FAIT RAPPER TOUTE LA BULGARIE

Le titre de la chanson de Fyre va de soi : *Kylian Mbappé*. Le clip, comme souvent dans ce genre musical prisé par les jeunes gens en colère, permet au rappeur bulgare d'exhiber ses tatouages, d'adresser des doigts d'honneur à la caméra et de médire quelque peu de la police de son pays. Mais le refrain véhicule un authentique message, joyeux et universel : « Kylian Mbappé ! Wesh, wesh ! World champion ! »

C'est au sortir de la Coupe du monde que Fyre trouve un succès d'abord national, puis vite international, avec cette ode sincère et émue (quoique scandée dans un bulgare volontiers grossier) à l'attaquant du PSG. « Nous avons d'abord eu l'idée d'écrire une chanson sur Kylian en regardant la Ligue des champions, rapportait-il au quotidien *Le Parisien* en octobre 2018. On s'est mis à répéter le refrain "Kylian Mbappé ! Kylian Mbappé !". Et quand la France est devenue championne du monde, alors qu'on regardait la finale avec mon producteur, je lui ai dit : "Nous devons faire ce morceau !" »

Lors d'un récent pointage, la vidéo avait dépassé les 13 millions de visionnages sur YouTube. Le jeune Sofiote y évoque son existence de banlieusard, sa vie sentimentale complexe (l'amie d'un camarade entendrait lui prodiguer une fellation), mais y répète inlassablement son amour pour son idole : le nom de Mbappé y est répété 63 fois en trois minutes trente.

PERSO

8

SANS DANIEL BALAVOINE, IL NE SERAIT RIEN

Un jour peut-être, une plaque ornera le fronton du petit immeuble rouge à deux étages sis au 18, avenue Blum, à Bondy. Car c'est là, à la Maison de quartier et de la citoyenneté Daniel-Balavoine, que se sont rencontrés Wilfrid Mbappé et Fayza Lamari dans les années 90. Tous deux y travaillent comme animateurs municipaux. Fils de comptable, il est né au Cameroun. Sa famille à elle, d'origine algérienne, issue des classes moyennes, habite la ville depuis deux générations. Lui joue au football au niveau régional. Elle, au handball, pour l'AS Bondy elle aussi. Ils s'apprécient, mais apprennent d'abord à se connaître. Puis une histoire d'amour naît, d'abord discrète, car l'union d'un Noir africain et d'une Kabyle n'est alors pas toujours aisément acceptée...
En 1996, Wilfrid assiste à la montée des handballeuses en Première Division, obtenue sur le terrain de Manosque, prolongée jusqu'au petit matin sur le Vieux Port de Marseille. Ils officialisent bientôt leur relation, prennent un premier appartement dans le quartier de la Noue-Caillet, puis emménagent un trois-pièces de 60 m² au 4, allée des Lilas, dans un petit ensemble HLM, car Fayza est enceinte. Les fenêtres donnent sur le stade Léo-Lagrange, où Wilfrid Mbappé coache l'AS Bondy.
Kylian grandira en regardant son père entraîner. Il sera leur fils, leur bataille. Et puis il deviendra un héros, quoi qu'en disent les journaux.

STATISTIQUES 9

IL N'EST PAS LE BLEU LE PLUS PRÉCOCE

Kylian Mbappé effectue ses débuts en équipe de France le 25 mars 2017, au Luxembourg, en match de qualifications pour la Coupe du monde. Il remplace Dimitri Payet à la 78e minute, alors qu'Olivier Giroud vient d'inscrire le but qui scelle la victoire (1-3). Le Monégasque a alors 18 ans, trois mois et cinq jours. C'est sa propre mère qui l'a conduit en voiture cinq jours plus tôt à Clairefontaine, comme à l'époque de sa formation à l'INF (2011-2013). Didier Deschamps l'a inclus dans un bouquet printanier comprenant quatre autre novices fleurs des champs : le Marseillais Florian Thauvin, le Lyonnais Corentin Tolisso et deux partenaires monégasques, Benjamin Mendy et Tiémoué Bakayoko. « Kylian est arrivé ce matin avec un grand sourire », rapporte le sélectionneur en conférence de presse, ravi. « Je le découvre, confie Thauvin, 24 ans. C'est un garçon agréable, gentil. Il ne fait pas ado. » Pour son bizutage, alors que Thauvin reste paralysé quand vient son tour, Mbappé, debout sur une chaise, bouteille d'eau 50 cl en guise de micro, le sourire aux lèvres et l'œil pétillant, entonne devant tous les anciens *C'est plus l'heure*, du chanteur de RnB parisien Franglish.

« JE LE DÉCOUVRE. C'EST UN GARÇON AGRÉABLE, GENTIL. IL NE FAIT PAS ADO. »

FLORIAN THAUVIN

Que retenir du match ? Deux minutes après ses premières foulées, Mbappé décoche une frappe dans la lucarne mais le gardien luxembourgeois Schon la détourne du bout des doigts. « J'aurais pu être buteur ; je ferai mieux la prochaine fois », sourit le jeune international en zone mixte. Dommage pour la légende, d'autant que, du côté des statistiques, la trace n'est pas non plus indélébile. Mbappé n'est guère vieux, certes, mais il n'est alors que le cinquième plus jeune joueur appelé en équipe de France après trois footballeurs d'avant-guerre, Julien Verbrugghe (16 ans et dix mois en 1906), Maurice Gastiger (17 ans et quatre mois en 1914), René Gérard (17 ans et onze mois en 1932) et le regretté Maryan Wisnieski (18 ans et deux mois en 1955, décédé en mars 2022). Depuis, le Rennais Eduardo Camavinga est à son tour passé devant Mbappé, puisque entré en jeu contre la Croatie (4-2) en septembre 2020 à 17 ans et neuf mois.

PERSO 10

C'EST UN SAINT

Depuis ses débuts, Mbappé n'a jamais disputé un match en compétition officielle le 8 juillet. Un hasard fort regrettable pour ses statistiques, puisque la fête des Kylian tombe ce jour-là. Le jeune homme doit en effet son prénom à Kilian de Wurtzbourg, évêque missionnaire né en Irlande aux alentours de l'an 640. Saint Kilian (Cillian en gaélique) prêcha le catholicisme en Bavière, y convertit le duc franc Gozbert de Thuringe, mais finit décapité. La faiblesse du jeu de tête de Mbappé trouve-t-elle là une explication convaincante ?

STATISTIQUES 11

IL N'A JAMAIS PERDU CONTRE MARSEILLE

« Eux, c'est le match de leur année. Il n'avait pas la même importance pour nous. Je suis français mais il y a d'autres objectifs au club. Quand je signe, on ne me dit pas de gagner le Clasico. » Quand, le 23 octobre 2017, au sortir de son premier OM-PSG (2-2), Kylian Mbappé lâche ces quatre phrases dans les entrailles du Vélodrome, il nargue les Marseillais. Mais la déclaration irrite surtout les supporters parisiens. La recrue mesure-t-elle la rivalité historique des deux clubs ? Les faits ont prouvé que oui, douze fois oui.

Quel que soit son maillot (Monaco deux fois, Paris dix fois), quel que soit le terrain (Vélodrome, Parc des Princes, Bollaert), quelle que soit la compétition (Ligue 1, Coupe de France, Trophée des champions), Kylian Mbappé n'a jamais perdu contre Marseille. Son bilan : dix victoires, deux nuls, zéro défaite. Le 1er mars 2017, avec un but, une passe décisive et cent chevauchées héroïques, il est le juvénile héros de la victoire monégasque à Marseille en huitième de finale de Coupe de France (3-4 a.p.). Le 25 février 2018, devenu parisien (succès 3-0 du PSG), il ouvre le score et, à 19 ans et 67 jours, prend à Samir Nasri le titre de plus jeune buteur d'un Clasico. Le 28 octobre 2018 au Vélodrome (0-2), il arrive en retard à la causerie de Thomas Tuchel, est écarté du onze de départ, mais, vengeur et goguenard, marque trois minutes après son entrée en jeu (0-1, 65e). Son total de buts contre l'OM ? Huit, dont un doublé en Ligue 1, le 27 octobre 2019, au Parc des Princes (4-0), sur deux passes de Di Maria, son complice préféré dans la soumission des Phocéens (cinq passes décisives de l'Argentin !). Le goal-average des Mbappé-OM s'établit à 31 buts pour et neuf contre en faveur des clubs qui l'ont aligné.

La clause « battre Marseille » n'a jamais été incluse dans ses contrats de travail, mais on le connaît, notre Kylian : s'il peut faire plaisir...

AURA

12

IL NE PIPEAUTE jamais

Pour sa mère Fayza, pas question que Kylian grandisse sans éducation artistique. Il a huit ans lorsqu'elle l'inscrit au Conservatoire de Bondy. Ses deux premières années sont consacrées à l'initiation musicale, aux percussions et au chant. À dix ans, Kylian opte pour la flûte. Il débute par le piccolo, instrument plus maniable mais ingrat et éprouvant pour les familles (« tuiiiii, tuii, truiiiiiiii !!! »). Il passe vite à la flûte traversière. Ses professeurs ont rapporté que l'enfant n'avait pas de dispositions particulières, mais aimait la musique et le travail collectif. Il comprend aussi que les progrès, flûte à la bouche comme sur l'herbe rase, passent par l'exercice quotidien répété.

S'il arrête la flûte traversière à l'âge de treize ans, Kylian Mbappé en garde un beau souvenir. Il fait partie depuis 2018 des parrains de Tutti Passeurs d'arts, une association qui développe l'insertion sociales des jeunes des quartiers défavorisés par la pratique musicale en chorale et orchestre. Il a lui-même financé l'achat des instruments des trente-six élèves de Bondy.

Quel bénéfice a tiré Mbappé de ses années passées à souffler dans un tuyau percé ? Facile : ses déclarations sont franches, fluides, jamais dans la demi-mesure, en hommage au cours de Mme Ducos, le professeur qui lui a appris à quel point les lèvres et la langue doivent être positionnées à bon escient pour sortir un son juste. En bref, si Mbappé ne pipeaute pas, on sait pourquoi.

Depuis tout petit, IL SUCCÈDE À THIERRY HENRY

La vitesse, la technique et la frappe enroulée du droit… Ressembler à Thierry Henry est une habitude que Kylian Mbappé a contractée tout petit. Lui succéder dans les statistiques aussi. Il a seize ans et onze mois, le 2 décembre 2015, quand il entre en jeu à Louis-II contre Caen (1-1) et devient, devant Henry (dix-sept ans en août 1994), le plus jeune footballeur à avoir porté le maillot de Monaco*. Peu après, le 20 février 2016, le numéro 33 de l'ASM reprend du gauche, contre Troyes, un centre de Hélder Costa (3-1, 90e + 3) et chaparde à Henry, cette fois, le titre de plus jeune buteur de l'histoire de Monaco. Mbappé a dix-sept ans, deux mois et un jour, et son nom n'apparaît pas encore sur son maillot. Et puis, en 2018, Mbappé deviendra champion du monde à dix-neuf ans comme Thierry Henry l'avait été à vingt ans. On est, enfin, à peu près sûr qu'il lui volera un jour le record du nombre de buts marqués en bleu (51)…

* L'Italien Pietro Pellegri, de onze jours plus jeune que Mbappé en 2015, a battu ce record lors de ses débuts avec Monaco contre Dijon, le 16 février 2018 (4-0).

bleu
PARIS
SAINT-GERMAIN

PERSO 14

PARFOIS, IL SE SCHTROUMPFE LES CHEVEUX EN BLEU

Le 16 décembre 2020 à 20 h 57, Kylian Mbappé entre sur la pelouse du Parc des Princes les cheveux teints en bleu Schtroumpf. Dans la journée, à 14 h 43, il a posté sur son compte Instagram une photo de la fantaisie capillaire soulignée de cette légende elliptique : « Un mercredi à Paris. » À 22 h 08, le Schtroumpf footballeur ouvre le score contre Lorient (2-0) en convertissant le penalty qu'il a lui-même obtenu. À 22 h 09, en guise de félicitations, son partenaire Timothée Pembélé lui caresse avec tendresse la turquoise toison. Le 20 décembre, elle semble un peu émoussée, comme son propriétaire, lors du nul des Parisiens à Lille (0-0). Le 23, pour la réception de Strasbourg (4-0), elle a disparu. Pourquoi Mbappé s'est-il ainsi schtroumpfé les cheveux en bleu durant une courte semaine de son existence ? On ne le sait pas. Il ne s'est jamais schtroumpfé publiquement sur la question.

CARRIÈRE 15

Il a toujours VOULU JOUER POUR LA FRANCE

Son père, Wilfrid, est né à Douala, au Cameroun. Sa mère, Fayza, a des origines algériennes. À l'image du Lorrain Ludovic Obraniak (45 sélections avec la Pologne), du Lyonnais Anthony Lopes (14 capes avec le Portugal) ou du Tourangeau Abdou Diallo (champion d'Afrique en 2022 avec le Sénégal), Kylian Mbappé aurait pu aisément porter le maillot d'une autre sélection nationale que la France, si le cœur lui en avait dit. Mais, de son propre avis, il n'en a jamais été question.

Mbappé enfile pour la première fois un maillot frappé du coq en 2014, en sélection des moins de 17 ans, lors d'un match amical contre l'Ukraine. Mais l'entraîneur des U17 de l'époque, Jean-Claude Giuntini, le trouve trop dilettante et individualiste. Mbappé n'est pas convoqué pour l'Euro 2015 en Bulgarie et ne joue pas non plus l'année suivante dans la sélection des moins de 18 ans, toujours dirigée par Giuntini. C'est cette année-là que sa trajectoire aurait vaguement pu dévier vers l'Afrique, si Ludovic Batelli, entraîneur des U19, n'avait eu l'idée de convoquer Mbappé dans sa sélection à lui... en le surclassant. En juillet 2016, le Monégasque et ses coéquipiers deviennent champions d'Europe des moins de 19 ans en Allemagne. Mbappé fera donc toute sa carrière chez les Bleus. Selon la réglementation de la FIFA, il ne peut plus jouer pour une autre équipe que la France depuis sa première sélection en A, contre le Luxembourg (1-3), le 25 mars 2017.

« Je suis né en France et j'ai tout vécu en France : mon éducation, ma scolarité... Bien sûr, il ne faut jamais renier ses origines, ça fait partie de ce que l'on est, mais, moi, je suis français », expliquait Mbappé aux écoliers qui

l'interrogeaient dans l'émission *Au tableau !!!*, diffusée le 13 juin 2018 sur C8. Si la question des enfants portait sur son désir de jouer pour l'Algérie, ce sont plutôt ses origines camerounaises qui ont toujours intrigué Kylian Mbappé. Quand Eric Choupo- Moting jouait au PSG, la conversation dérivait souvent. « On parle du Cameroun, de la mentalité camerounaise, du foot camerounais, de la sélection », rapportait en 2020 « Choupo », Allemand de passeport mais Lion indomptable les crampons aux pieds. Son rêve : faire venir Mbappé au pays. « Je le taquine toujours un peu : "Eh, tout le Cameroun t'attend. Ne t'inquiète pas, je vais te mettre bien en sécurité, mais, un jour, il faut que tu viennes." » Un voyage que Mbappé n'a plus entrepris depuis l'enfance.

Son stade fétiche n'est pas Santiago-Bernabeu

Kylian Mbappé a dix ans lorsque Alain Mboma, un ami de la famille, lui offre une maquette de Santiago-Bernabeu... en attendant qu'il y joue, comme le gamin ne cesse de le répéter. Mbappé a treize ans quand il visite les installations du Real et assiste dans le stade madrilène à un nul entre les Merengue de Mourinho et l'Espanyol Barcelone (2-2).
Mais l'enceinte qui, dans sa carrière, a le plus impressionné Mbappé n'est pas celle du club fétiche de sa jeunesse ni le Parc des Princes. C'est le Signal Iduna de Dortmund. Mbappé y joue pour la première fois le 12 avril 2017, avec Monaco, en quart de finale aller de la Ligue des champions, dans un contexte hors norme : la veille, le car des joueurs allemands a été victime d'un attentat à la bombe qui a fait deux blessés. Pendant l'échauffement, les supporters des deux camps s'applaudissent. Puis les fans du Borussia enfilent des tee-shirt jaunes ou noirs, qui dessinent un immense « BVB » (le nom du club) dans le « Mur jaune », la célèbre tribune Sud. Durant 90 minutes, les 65 849 spectateurs vont clamer leur amour aux joueurs et leur maintenir un soutien indéfectible, malgré l'évolution du score (victoire 3-2 de Monaco). Sur l'herbe, Mbappé galope, s'amuse et marque deux fois, sur un centre de Lemar (0-1, 19e), puis en interceptant une passe allemande avant de filer au but (1-3, 79e). Son père et son petit frère sont en tribune. Le BVB Stadion Dortmund est entré à jamais dans son cœur.

AURA 17

Il résiste à
SPIDER-MAN

En promotion pour *Spider-Man : No Way Home*, Tom Holland participe, le 11 décembre 2021, à la cérémonie du Ballon d'or, qui se tient au théâtre du Chatelet à Paris. Fan des Spurs, l'acteur britannique tombe dans les coulisses sur Kylian Mbappé. Il se lance : « Très heureux de te rencontrer mais, mec, il faut vraiment que tu viennes à Tottenham ! » Le réussite n'est pas au rendez-vous. « Mbappé m'a regardé, a éclaté de rire et m'a juste répondu que c'était impossible », a raconté, très impressionné, le super-héros des écrans.

ACCOR LIVE LIMITLESS
7

Fly
Emirates
CANAL+
PARIS

JEU 18

IL A DÉJÀ PRIS TROIS ROUGES

01

Le premier lui est brandi sous le nez en janvier 2018 à Rennes, en demi-finale de la Coupe de la Ligue. Le PSG mène 0-3 après une heure, mais le Parisien, de retour de blessure, déjoue et ne marque pas. Sur une action anodine, il laisse traîner la semelle sur le mollet d'Ismaïla Sarr et lui cisaille la chaussette. Mbappé s'excuse mais le ralenti vidéo le condamne, d'autant que Sarr doit sortir.

02

Le 1er septembre 2018, Paris se déplace à Nîmes en L1 dans une ambiance « méridionale ». Dans les arrêts de jeu, à 2-4 pour Paris (dont un but du champion du monde), Savanier sèche Mbappé, qui se relève et le projette au sol. Rouge pour les deux. Commentaire du Parisien : « Si c'était à refaire, je le referais. Je ne peux pas tolérer ce genre de geste. La même faute, s'il y a intention de jouer le ballon, pas de problème. Mais Savanier ne cherche pas à le jouer. »

03

La troisième expulsion survient le 27 avril 2019, dans les prolongations de la finale de la Coupe de France contre Rennes (2-2) au Stade de France. Frustré (Paris a mené 2-0), Mbappé racle l'intérieur du genou de Da Silva sur un tacle maladroit. Point commun des trois rouges : rapprochés dans le temps, ils correspondent à un âge charnière du joueur, comme un besoin d'affirmation de soi virile entre l'enchantement des débuts et l'accès à son statut de star planétaire.

PERSO 19

MAIS SI, IL FAIT PARFOIS PREUVE DE **MODESTIE**

« Environ 156 000 résultats » : telle est le réponse formulée par Google en réponse à la requête « Mbappé melon ». On ne saurait toutefois entièrement agréer. Certes, sa sortie lors des Trophées UNFP 2019 a marqué les esprits. « Je sens qu'il est temps pour moi d'avoir plus de responsabilités. Peut-être ici à Paris, avec grand plaisir, ou ailleurs pour un nouveau projet », lâche, à vingt ans, le meilleur espoir et meilleur joueur de la saison 2018-2019 en recevant le second trophée. Pourtant, sa nature intérieure diffère de l'image qu'il donne à l'extérieur. Mbappé a parfaitement conscience de ses qualités, c'est acquis, mais, justement, à un point tel que cette certitude le dispense d'exhiber sa confiance en soi avec outrance.

Quand il intègre l'équipe de France au printemps 2017, il se fond par exemple dans l'ambiance. « Il possède les codes d'un vestiaire et d'un groupe, relate alors Guy Stéphan, l'adjoint de Didier Deschamps. À table ou dans le bus, il ne s'assoit pas n'importe où. Il est blagueur, chambreur, à l'aise, mais aussi respectueux. » Au PSG, Mbappé, bien qu'obsédé par le but et par ses statistiques, ne tire son premier penalty que le 2 mars 2019, dix-huit mois après son arrivée, à l'occasion d'une victoire à Caen en Ligue 1 (1-2), car Neymar et Cavani sont blessés. « C'est normal, il y a une hiérarchie à respecter, commente-t-il à chaud pour Canal+. Je suis arrivé comme un jeune joueur ici, avec deux stars. Je fais mon chemin. »

Même le titre de champion du monde, en 2018, ne lui monte pas à la tête. Dans son livre *Mbappé, le phénomène* (Harper Collins Poche), Arnaud Hermant, journaliste à *L'Équipe*, cite des propos de Noël Le Graët, à côté de qui, assis dans un bus à impériale, Mbappé a paradé sur les Champs-Élysées le 16 juillet 2018 : « Kylian m'a dit : "Était-ce bien nécessaire, tout cela ?" en parlant de la descente de l'avenue, avant d'ajouter que les Bleus auraient pu rester en survêtement plutôt que d'enfiler des habits civils. » Le président de la Fédération française de football ne s'y attendait pas : « J'ai trouvé ses remarques surprenantes. Kylian sait rester simple et modeste, même dans l'euphorie. »

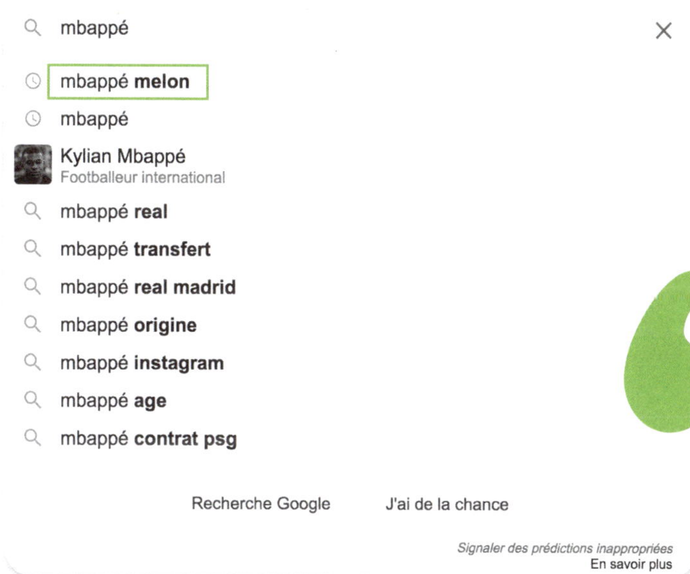
mbappé
mbappé melon
mbappé
Kylian Mbappé
Footballeur international
mbappé real
mbappé transfert
mbappé real madrid
mbappé origine
mbappé instagram
mbappé age
mbappé contrat psg
Recherche Google
J'ai de la chance
Signaler des prédictions inappropriées
En savoir plus

SON BRAS GAUCHE FAIT N'IMPORTE QUOI

Lorsqu'il entame un sprint, Kylian Mbappé prend appui sur son pied gauche. Durant la poussée, alors que son genou droit se lance vers l'avant, il tend le bras gauche vers l'arrière. Un geste parasite, prolongé sur deux ou trois foulées, qu'a noté Frédéric Aubert, responsable de la préparation physique des équipes de France de football : « Ce bras gauche qui part tendu vers l'arrière relève d'une fantaisie, confiait-il dans *France Football* en juillet 2020. Kylian l'utilise toujours un peu pour se protéger. Mais tant que l'adversaire n'est pas à votre contact, vous n'en avez pas besoin. Dans le sens de la vitesse, il s'agit d'un contre-mouvement. »

STATISTIQUES 21

IL A D'EMBLÉE MARQUÉ L'HISTOIRE DE LA C1

Lorsque Kylian Mbappé pénètre sur la pelouse de l'Etihad Stadium, le 17 février 2017, pour y affronter en huitième de finale de Ligue des champions Manchester City, le Monégasque n'existe pas en Europe. Il n'a joué que vingt-cinq minutes à cet échelon, réparties en trois bouts de match de poule, contre Leverkusen (13 minutes à l'aller, 1-1) et le CSKA Moscou (7 puis 5 minutes, 1-1 et 3-0). Quatre-vingt-dix minutes plus tard (5-3), tout a changé. Sa demi-volée sur un long ballon de Sidibé (1-2, 40e) fait de lui, à 18 ans, le plus jeune buteur français en Ligue des champions après Benzema (contre Rosenborg, en 2005) et un tourment pour Pep Guardiola avant le retour. De nouveau titulaire (3-1), il ouvre le score à Louis-II (8e) en renard des six-mètres, sur un centre de Bernardo Silva.

En quarts de finale, contre le Borussia Dortmund, il enchaîne doublé dans la Ruhr (2-3) et but sur un ballon relâché par Bürki à Monaco (3-1), avant de devenir, en demi-finale retour, contre la Juventus (défaite 2-1), le plus jeune buteur de l'histoire à ce stade de la compétition, à 18 ans, quatre mois et vingt jours. Bilan : six titularisations, six buts, tous en matches à élimination directe. Phénoménal. En septembre 2017, Mbappé change de maillot mais continue à écrire sa propre légende statistique. Après 33 minutes de son premier match de C1 avec Paris, il devient à Glasgow, contre le Celtic (0-5), le plus jeune buteur de toute l'histoire européenne du PSG...

CARRIÈRE 22

JEAN-KÉVIN,

son double maléfique, souffre pour lui

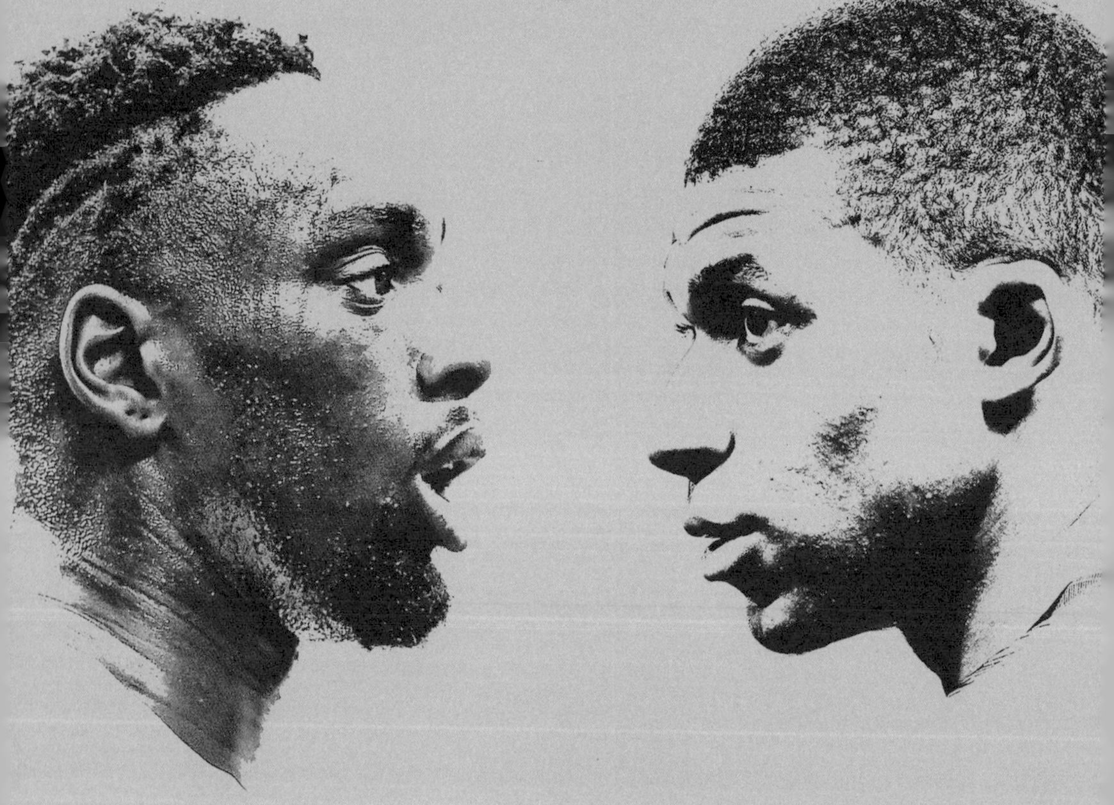

Dandy londonien, Dorian Gray cumule les succès mondains et les plaisirs interdits dans l'Angleterre victorienne, éternellement jeune et beau. Mais son portrait peint s'avilit à sa place, ravagé par les marques du péché… Ce long conte fantastique d'Oscar Wilde (*Le Portrait de Dorian Gray*, 1890), Kylian Mbappé et son double maléfique Jean-Kévin Augustin le vivent depuis des années. En juillet 2016, les deux attaquants bleus explosent côte à côte lors de l'Euro des moins de 19 ans remporté par la France en Allemagne (4-0 en finale contre l'Italie). Augustin, qui, à 19 ans, a déjà joué dix-sept rencontres pour le PSG, termine meilleur buteur du tournoi, avec six réalisations en cinq matches, devant le frais Monégasque de 17 ans, cinq buts, dont un doublé en demi-finale contre le Portugal (3-1). Ils sont déjà au « 19e ciel », titre alors *L'Équipe*, et vont encore briller, c'est sûr, plus haut au firmament…
Mais, depuis, Mbappé file vers les sommets de la gloire planétaire dans une continuelle jouvence, quand Jean-Kévin Augustin plonge saison après saison dans les travers de la plus honteuse décrépitude footballistique. En 2017, après une saison décevante au PSG (treize matches), il signe au RB Leipzig. En septembre, il est exclu de l'équipe de France Espoirs par le sélectionneur Sylvain Ripoll pour son comportement dans le vestiaire après avoir été remplacé à la pause lors d'un France-Chili (1-1) amical. Un an plus tard, il refuse une nouvelle convocation chez les Espoirs, prétextant une fatigue musculaire, mais joue avec Leipzig. La FFF demande sa suspension à la FIFA… En Allemagne, sa situation se dégrade aussi. « Il manque d'exemplarité au quotidien, cette situation devient franchement énervante », balance publiquement son capitaine, Yussuf Poulsen. Augustin est prêté à Monaco en 2019, puis quatre mois plus tard à Leeds, avec encore moins de succès (trois matches en six mois). Il signe libre à Nantes en octobre 2020, mais Christian Gourcuff le sort des entraînements collectifs en attendant qu'il retrouve « une forme physique acceptable », alors que notre Jean-Kévin à triste figure n'a cumulé que 33 minutes de jeu. L'arrivée sur le banc d'Antoine Kombouaré ne change rien à l'infâme disgrâce d'Augustin. Caricature difforme de l'espoir déçu, il vient d'achever une nouvelle saison nantaise vierge de toute titularisation, à 93 minutes de temps de jeu réparties en huit matches. Mbappé, lui, resplendit.

PERSO 23

PENDANT LE CONFINEMENT, il a mangé du tiramisu

En mars 2020, quand il a fallu se cloîtrer à domicile, Kylian Mbappé n'a pas fui la France pour Ibiza ou Miami. Il a trouvé refuge dans une grande maison du Sud de l'Hexagone partagée avec sa famille, quelques amis et des amis d'amis. Parmi lesquels Jamel Debbouze. Malgré leurs vingt-trois ans d'écart, les deux banlieusards d'origine se sont entendus à merveille. À quoi Mbappé a-t-il passé son confinement ? À rire, forcément, à s'entretenir physiquement, mais aussi à ronger son frein faute de foot, même si la maison disposait d'un terrain afin qu'il puisse suivre la feuille de route distribuée par le staff de Thomas Tuchel à tous les joueurs du Paris Saint-Germain.

Il a lui-même mis en scène son seul excès dans une vidéo de trente secondes postée sur Instagram le 9 mai 2020 : on le voit, sur l'hymne de la Ligue des champions, ouvrir avec solennité la porte d'un réfrigérateur aux premières lueurs de l'aube, y prendre un objet mystérieux, le brandir tel un trophée, l'embrasser avec dévotion, hocher la tête avec satisfaction puis s'échauffer les épaules tel un boxeur. Mbappé relève enfin la tête, tout sourire, pour montrer à la caméra complice une verrine de belle taille et prononcer en éclatant de rire ces mots radieux : « Mon tiramisu ! »

ACCOR LIVE LIMITLESS

PERSO 24

IL A FRÉQUENTÉ UN COLLÈGE CATHOLIQUE

Après son primaire, effectué dans une école communale de Bondy, Kylian Mbappé a intégré en sixième et cinquième un établissement catholique privé, le collège de l'Assomption, toujours à Bondy. « Pas pour la religion. Ce collège, c'était plus un choix pour le calme, ça m'apportait un cadre dont j'avais besoin parce que j'étais un enfant turbulent, hyperactif, a-t-il raconté à *L'Obs* en 2021. J'y ai passé deux super années. » L'environnement religieux n'a pas déstabilisé le garçon, qui se définit aujourd'hui comme « chrétien croyant, mais pas pratiquant ». Une fois admis à l'INF Clairefontaine, Mbappé est retourné dans le public, au collège Catherine-de-Vivonne de Rambouillet.

CARRIÈRE 25

Il n'a jamais ÉTÉ UN ESPOIR FRANÇAIS

Platini, Papin, Thuram, Zidane, Henry, Griezmann, tous sont passés par l'équipe de France Espoirs. Mais pas Kylian Mbappé. Cas rare, le champion du monde a transité de l'équipe de France des moins de 19 ans (en 2016) aux Bleus (en 2017) sans connaître la moindre sélection chez les Bleuets. Après le sacre mondial de 2018, la question fut posée à Sylvain Ripoll, le sélectionneur des Espoirs, d'une possible « redescente » de Mbappé pour aider ses camarades d'âge à se qualifier pour l'Euro 2019. Après tout, Thierry Henry lui-même, après le triomphe de 1998, avait bien effectué quelques piges en Espoirs (qu'il avait peu appréciées). Ripoll y avait opposé un non catégorique : « L'équipe A a toujours été prioritaire et il n''y a pas de raisons que ça change. »

Mbappé aurait toutefois adoré disputer les Jeux de Tokyo, à l'instar de Platini, capitaine olympique à Montréal en 1976. En 2020, son nom figurait sur la pré-liste de Ripoll, dont la sélection olympique était dérivée des Espoirs, mais les Jeux furent repoussés pour cause de coronavirus. Rebelote en 2021, d'autant que Noël Le Graët, président de la Fédération, en appréciait l'idée. Mais le PSG, comme il en avait le droit, refusa, au terme d'une saison à rallonge pour Mbappé, débutée durant l'été 2020 (finales des Coupes nationales, tournoi terminal de la Ligue des champions à Lisbonne…) et poursuivie jusqu'à l'Euro, un mois avant les JO. Le plus grand espoir du football français n'a donc jamais été un Espoir français.

PERSO
26

IL N'A RIEN D'UNE « FASHION VICTIM »

Il ne porte pas de smoking orange fluo en soirée ni ne s'habille au quotidien avec des trous reliés par des fils de jean. Pour un footballeur de 23 ans, Kylian Mbappé reste d'une étonnante sobriété vestimentaire. De quelle marque est-il l'égérie ? La maison Dior, s'il vous plaît. « Le champion du monde français prêtera son image aux créations de Kim Jones, directeur artistique des collections masculines de Dior », a annoncé LVMH en décembre 2021. Les premières photos de Mbappé en Dior, réalisées pour *Paris Match*, le visage à moitié caché par un pull à col roulé, reprenaient la pose prise par Zinédine Zidane vingt ans plus tôt pour la publicité de la fragrance Eau Sauvage, la gamme qu'il promeut à son tour.

Côté sportswear, Mbappé possède depuis ses 13 ans un contrat avec Nike. Mais la marque à la virgule ne commercialise rien de bien sensationnel dans sa ligne « Kylian Mbappé » : des chaussures à crampons, quelques sobres tee-shirts et sweatshirts. Lui-même avait lancé au premier semestre 2018 sa propre griffe de casquettes sous le sigle « KM ». Elles restent en vente sur son site personnel (www.kylianmbappe.com) au tarif de 35 €. Qu'en dire ? Eh bien, ce sont des casquettes à visière rigide unies, rien de plus, avec les lettres « KM » brodées sur le front.

Pour qui pratique la psycho-mbappé-analyse, cette pudeur de la tenue semble résulter d'un souvenir gentiment traumatique. Lorsqu'il était au collège à l'Assomption de Bondy, Kylian Mbappé s'était moqué du blouson de l'un de ses camarades. Via son professeur de français, une certaine Nicole Lefèvre, la remarque était parvenue aux oreilles de sa mère, qui avait décidé de s'en servir à des fins pédagogiques. Elle l'avait envoyé en cours pendant une semaine vêtu d'un pantalon « pattes d'eph » horriblement démodé, des « pantalons de clown », selon les mots de Kylian. Honteux, le gamin s'était tenu à l'écart durant une semaine, se contentant d'aller voir Mme Lefèvre, à la fois insolent et complice. « Il me regardait et me demandait : “Je suis beau, Madame ?”, a-t-elle raconté. Je lui disais : “Ça peut aller.” Il me répondait : “C'est grâce à vous, Madame”… »

PERSO
27

IL VOUE À *LA CASA DE PAPEL* UN AMOUR SANS RETOUR

Durant la Coupe du monde 2018, le fan de *La casa de papel*, c'était Presnel Kimpembe, qui enchaînait les épisodes de la série espagnole de Netflix quand Mbappé, lui, ne ratait aucun match des autres formations à la télévision. En demi-finale, contre la Belgique, les supporters des Diables rouges entonnent un chant anti-français sur l'air de « Bella ciao », l'hymne révolutionnaire italien remis au goût du jour par la série. « Oh, Didier Deschamps, Kylian Mbappé, oh Griezmann ciao, Griezmann ciao, Griezmann ciao, ciao, ciao ! Les Français vont tous pleurer, parce que la Coupe, on va la gagner ! » hurlent-ils. Mais ce sont les Bleus qui réalisent le casse du siècle (1-0).

En novembre 2018, Mbappé à son tour est devenu fan de *La casa de papel*. Deux jours après Halloween, Neymar et lui arrivent au Parc des Princes déguisés et masqués comme les personnages de la série avant d'affronter Lille. Le résultat : 2-1 pour les Parisiens, sur deux buts de Mbappé (70e) et Neymar (84e).

Hélas pour Mbappé, cette passion pour *La casa de papel* ne semble pas réciproque : en octobre 2020, l'acteur croate Luka Peros, qui interprète le personnage surnommé « Marseille », a révélé qu'il était un fan absolu de l'OM. Il a même couvert les joueurs marseillais de SMS de félicitations lors de leur victoire au Parc des Princes contre le PSG (privé de Mbappé), en septembre 2020 (0-1).

Il n'a pas déboulonné la statue de CYRILLE WATIER

Grâce à Kylian Mbappé, Cyrille Watier reste une légende. Où ça ? Eh bien… au Stade Malherbe Caen, dont l'attaquant demeure le meilleur buteur de l'histoire, avec 61 buts inscrits en 208 matches de 1999 à 2005. Mais Mbappé n'a jamais porté le maillot de Caen ? Certes, mais cela s'est joué à un pépin de pomme normande près, à l'époque où il faisait ses gammes à l'INF Clairefontaine. Du côté du Stade Malherbe, le recruteur Laurent Glaize, comme nombre de ses collègues à travers l'Europe, est persuadé dès 2011 du potentiel immense de Mbappé. La famille Mbappé, elle apprécie le côté humain du projet normand : « Ce qui nous plaisait à Caen, c'est qu'il y avait un côté affectif », a résumé Wilfrid, le père de Kylian. Un pacte est passé, pour que le prodige file dans le Calvados au terme de sa préformation. Mais le club descend en L2 en 2012 et l'entraîneur de l'équipe première, Franck Dumas, en qui Wilfrid Mbappé avait toute confiance, est remercié.

L'accord, toutefois, est prorogé pour une année supplémentaire. Mais Caen termine quatrième de la saison 2012-2013 de Ligue 2 et « le projet a battu de l'aile », selon Wilfrid Mbappé, pour une simple broutille : « Une des conditions *sine qua non* pour que Kylian vienne, c'était qu'il aille dans une école privée et on ne pouvait plus nous le garantir. » Caen renonce, Monaco rafle la mise et Cyrille Watier reste, à ce jour, le plus grand attaquant de l'histoire du Stade Malherbe…

Il est sympa avec
CHRISTIAN JEANPIERRE

Kylian Mbappé a aimé son enfance heureuse. À l'époque, quand il regardait l'équipe de France sur TF1, la voix dans le poste, c'était celle de Christian Jeanpierre. Et puis, un jour, le monsieur de la télé a enfourché sa moto pour le voir jouer à Bondy. Et il est devenu un ami de la famille. Lorsque le journaliste, qui ne commente déjà plus les matches des Bleus depuis 2016, présente son dernier *Téléfoot*, le 10 juin 2018, le numéro 10 tricolore, en direct, sort un papier de sa poche : « Cher Christian, lit-il, ou plutôt Tonton Christian puisque vous vous êtes invité à la maison comme un oncle, tous les dimanches vers 11 heures, merci d'avoir illuminé nos midis, d'avoir toujours traité l'actualité du football avec humilité, humour mais surtout respect. Vous dégagez de la sincérité, de l'amour. Les joueurs sont vraiment libres en vous parlant. »

Lors du Mondial russe, Jeanpierre commente quelques matches, mais pas ceux de la France. Pour la finale, le 15 juillet, TF1 l'a donc renvoyé au bercail. Le 14, Fayza Lamari, la mère de Kylian, l'appelle sur son portable : « Bonjour Christian, tu es disponible demain ? Kylian aimerait t'inviter pour la finale de la Coupe du monde avec nous. » Un billet d'avion lui a été réservé sur l'Aeroflot. Il n'a plus qu'à prendre un taxi pour Roissy… Le triomphe face à la Croatie (4-2), il ne le verra pas depuis la tribune de presse mais depuis le carré des familles, aux côtés de Fayza Lamari, Wilfrid Mbappé et Ethan, le petit frère de Kylian.

AURA 30

UN JOUR, DOMENECH a eu une bonne formule sur lui

Le 11 avril 2017, Monaco se déplace à Dortmund pour affronter le Borussia en quart de finale aller de la Ligue des champions. *L'Équipe* demande à Raymond Domenech de présenter le onze de Monaco. L'ancien sélectionneur national (2004-2010) a alors une bonne formule, à la fois prophétique, tranchante et cinglante : « Je me souviens de Cristiano Ronaldo aux JO de 1996, et Mbappé est de ce niveau : il a les caractéristiques d'un joueur de classe mondiale. À lui de bien gérer ça : il a le choix entre être Ronaldo ou Anelka. »

PARIS

Plus tard, il sera ENTRAÎNEUR

À chaque fois qu'on lui a posé la question, Kylian Mbappé a toujours eu la même réponse. Dans sa carrière, qu'il a planifiée depuis sa chambre d'enfant à Bondy et dont il coche les cases une à une, il deviendra coach après avoir été joueur. « Mon père et mon oncle m'ont montré la voie à suivre et ce métier m'a toujours fasciné. Je suis un amoureux du terrain et j'aimerais ne jamais le quitter », confie-t-il à *Aujourd'hui en France*, le 6 janvier 2017, deux semaines après avoir eu 18 ans. « Après, est-ce que le foot voudra encore de moi ? » s'interroge-t-il encore.

En décembre de la même année, la réflexion s'est affinée lorsqu'il se livre à *France Football* : « Après ma carrière, je suis certain que je finirai sur un banc. J'imagine que ce doit être trop dur et brutal d'arrêter le football du jour au lendemain. En passant sur un banc, la mort sera plus lente. J'ai même déjà mes petits plans dans ma tête : j'aimerais commencer à coacher dans des clubs où je suis passé, comme à Monaco ou Paris. »

En février 2019, lors d'un dialogue avec Pedro Miguel Pauleta pour le magazine officiel du PSG, le projet apparaît sous un jour désormais plus altruiste que personnel : « Je me dis que, dans une carrière, on apprend, qu'aujourd'hui je reçois beaucoup de conseils, de votre part (Pauleta) ou d'autres grands joueurs passés par le PSG que j'ai eu la chance de rencontrer. Il viendra ensuite un temps où tout ce savoir, cette expérience, je pourrai les transmettre à des plus jeunes. »

JEU 32

IL A SURMONTÉ SON RATÉ FACE À LA SUISSE

Reynald Pedros se prend la tête entre les mains, gratte sa tignasse, tente de disparaître dans un recoin de la pelouse d'Old Trafford, qui n'en possède pas. Il vient de rater le sixième tir au but français, en demi-finale de l'Euro 1996, face à la République tchèque (0-0 a.p., 5-6 t.a.b.) et sa carrière vient de flancher. Pedros n'a que 24 ans, mais il ne jouera plus que trois demi-matches amicaux avec les Bleus, à l'automne 1996.

Chez Kylian Mbappé, qui rate lui aussi son tir au but (3-3 a.p., 4-5 t.a.b.), le 21 juin 2021, à Bucarest, contre la Suisse, frappe d'emblée la différence d'attitude. La pose réflexe des mains sur le crâne ne dure qu'une fraction de seconde. Aussitôt, l'attaquant français agit : il demande à l'arbitre assistant si Sommer avait bien ses jambes sur la ligne de but au moment du tir. Puis il reste seul, reçoit des mots de réconfort de Pogba, Ben Yedder et Digne, avant de rentrer, livide, aux vestiaires. « Kylian est très marqué », reconnaît Didier Deschamps en conférence de presse. Puis Mbappé publie dans la nuit un long tweet : « Je suis désolé pour ce penalty, confie-t-il. J'ai voulu aider l'équipe mais j'ai échoué. Trouver le sommeil sera difficile, mais ce sont les aléas de ce sport que j'aime tant. (...) Félicitations et bonne chance à la Suisse. »

À l'automne, Mbappé se donne de nouveaux objectifs, avec les Bleus comme avec le PSG. Le 8 octobre, la France affronte à Turin la Belgique, en demi-finale de la Ligue des Nations. À la mi-temps, elle est menée 0-2. Mais il sonne la charge et la révolte. C'est lui qui fait les différences, qui donne une passe décisive à Benzema (1-2, 62e). Quatre minutes plus tard, quand Griezmann est fauché dans la surface par Tielemans, Benzema lui glisse un amical et confiant « vas-y ». Revoici Mbappé à neuf mètres, seul face à un gardien de but : Thibaut Courtois, à peu près ce qui se fait de mieux au monde dans l'exercice. C'est le premier penalty ou tir au but du Parisien depuis le huitième de finale de l'Euro. Courtois bouge sur la ligne, prend beaucoup de place. Visage fermé, Mbappé s'élance, frappe, loge la balle dans la lucarne à droite, quand il avait tiré à mi-hauteur à gauche face à Sommer. La France égalise (2-2, 69e) et va l'emporter 3-2.
À la différence de Pedros, déjà oublié lors de la Coupe du monde 1998, Mbappé sera l'atout suprême de la France au Mondial 2022.

PERSO 33

Il respecte LES ANCIENS

Partout où il est passé, Kylian Mbappé a toujours respecté les joueurs plus âgés, ne s'est jamais fritté avec eux, s'en est souvent fait des amis. Qui, en 2018, était le joueur de l'effectif du Paris Saint-Germain dont il se disait le plus proche ? L'ancien du Real Madrid Lassana Diarra, de treize ans son année. En 2018-2019, ses rapports avec Gianluigi Buffon, né vingt ans avant lui, furent un modèle du genre. « Buffon, c'est la légende absolue, s'émerveillait alors Mbappé dans *France Football*. Il fait partie de ces joueurs dont je me disais il n'y a pas très longtemps : j'aurais bien aimé jouer ne serait-ce qu'une seule fois avec lui. Tu es obligé de l'écouter. » Lorsque Mbappé avait été privé de titularisation à Marseille, en octobre 2018, pour un retard à la causerie de Thomas Tuchel, c'est le gardien aux 176 sélections qui l'avait réconforté. « Je me souviens de notre tête-à-tête sur la pelouse du Vélodrome, rapportait encore Mbappé. Il voulait me faire oublier ma punition, m'avait parlé de la vie, des barbecues qu'il adorait faire avec ses amis. C'était

la bonne méthode plutôt que de me bourrer le crâne avec des conseils et des reproches. » En 2021-2022, si c'est avec son congénère Achraf Hakimi qu'il a noué les relations les plus solides, Mbappé a aussi souvent parfait son espagnol avec Sergio Ramos, de treize ans son aîné.

PERSO
34

IL ÉCRIT DE LA MAIN GAUCHE

Le 21 décembre 2019, un enfant coiffé d'un chapeau de Père Noël entre sur la pelouse du Parc des Princes, à la toute fin de PSG-Amiens, alors que le score est déjà de 4-1. Plutôt que de le repousser, Mbappé l'accueille aussitôt dans ses bras. Le gamin fond en larmes, ébahi par sa propre audace, mais parvient à demander un autographe. L'attaquant parisien, tout sourire, signe dans le livre tendu par son fan, tout en escortant l'intrus vers le bord du terrain... Que c'est mignon ! Au point que personne ne note le geste technique : c'est de la main gauche que le Parisien a apposé son nom. Eh oui, bien que droitier de pied, Mbappé écrit de la main gauche.

Il a joué pour Chelsea

Real Madrid, Monaco, Paris Saint-Germain. On associe la carrière de Kylian Mbappé à trois uniques clubs professionnels : celui qui le faisait rêver enfant et les deux premiers pour lesquels il ait signé. Mais le jeune homme a également porté le maillot de… Chelsea. En 2011, alors que Mbappé, 12 ans, joue encore à l'AS Bondy, un recruteur des Blues, Serge Daniel Boga, entend parler du jeune prodige par un ami qui travaille chez Nike. Il se rend en Seine-Saint-Denis et comprend aussitôt que le buteur en herbe a « quelque chose ». Il alerte les dirigeants du club londonien et propose aux parents Mbappé un essai d'une semaine du côté de Cobham, le centre d'entraînement de Chelsea.

On trouve la relation de ce séjour dans un numéro « collector » de *France Football* du 23 juillet 2013, au détour d'un article intitulé « Moi, Kylian, 14 ans, recruté par Monaco ». Venu avec sa famille, qui désire découvrir comment fonctionne un grand club étranger, le petit Frenchie visite les installations, croise Didier Drogba, s'entraîne avec des joueurs nés comme lui en 1997 ou 1998. « Quand je suis arrivé, mes affaires d'entraînement m'attendaient, bien préparées, raconte-t-il. Ça change, ce n'est pas la même mentalité qu'en France. Les gens m'abordaient avec plus d'attention. » De manière très inhabituelle, Mbappé va même jouer un match, en amical, contre Charlton. « Il avait des qualités, les mêmes qu'aujourd'hui, et Chelsea a gagné 7-0 », se remémore Serge Daniel Boga. Au terme de la semaine, la direction de Chelsea reçoit les parents. Les Mbappé se demandent s'il n'est pas prématuré d'envoyer le gamin si tôt par delà les frontières. Le club, de son côté, aime la vitesse et la technique de Kylian, mais considère qu'il ne se bat assez quand il n'a pas le ballon et ne défend presque pas. Un nouvel essai est proposé, au terme duquel une décision sera prise. Fayza, la mère de Kylian, n'apprécie pas. « Mon fils ne reviendra pas, lâche-t-elle à Boga. S'ils le veulent, ils doivent le prendre maintenant. Sinon, dans cinq ans, ils devront le recruter pour 50 millions d'euros. »

Mbappé rentre en région parisienne et poursuit sa formation à l'INF Clairefontaine. Mais il repart de Chelsea avec un beau souvenir et un maillot des Blues, floqué « KYLIAN 10 », qui est aussitôt accroché en haut des escaliers du pavillon à Bondy.

PERSO 36

ENFANT, IL ÉTAIT AGAÇANT MAIS BRILLANT

Ce que vivent les défenseurs censés marquer Mbappé sur le pré, Fayza Lamari l'a connu sans répit durant toute l'enfance de son fils, semaine après semaine, jour après jour, heure après heure. « Il ne dormait jamais, parlait comme un moulin, s'ennuyait avec ceux de son âge, a-t-elle raconté à *Paris Match* en décembre 2021. Il se levait à 6 heures pétantes et ne cessait de s'agiter que pour tomber de sommeil, à 19 h 30. Impossible de contenir son énergie dans un F3 ; avec lui, nous étions condamnés aux parcs et aux zoos. Seuls les DVD du *Père Castor* ou de *Kirikou* offraient un court répit. Kylian était un peu en avance, doté d'une mémoire phénoménale. »

À l'école, le comportement de l'hyperactif s'en ressent. « À la maternelle, il refusait la sieste, poursuit sa mère. Les maîtresses s'arrachaient les cheveux. En primaire, il avait 20 partout, puis les notes sont devenues irrégulières à mesure que grandissait son obsession du foot. » Un jour, dans la cour de l'école, un maître l'engueule et lui attrape la main. Kylian le griffe aussitôt. Au collège, il en fait le moins possible, brille par son insolence, mais s'en sort par son sourire. Ses parents sont régulièrement convoqués. Le gamin frôle l'exclusion mais ne redouble jamais. Il ne travaille que trois matières, comme il l'explique à sa mère : « Le français, parce que j'en aurai besoin pour m'exprimer au foot ; l'anglais, parce que je vais jouer en Angleterre ; et l'espagnol, parce que je jouerai aussi en Espagne ! »

AURA
37

Au Ballon d'or, il est l'égal d'AMOROS

En 2017, Kylian Mbappé termine septième du classement du Ballon d'or. Magnifique ! Le record de précocité pour un joueur de 18 ans. En 2018, il se classe quatrième, une place presque ingrate pour la grande attraction du Mondial russe… Depuis, il n'a plus approché le podium. Une aberration absolue. Pourquoi se trouve-t-il ainsi snobé? Parce que l'année de la finale de la Ligue des champions du PSG (2020), le trophée n'a pas été décerné, soit. Mais surtout parce qu'il joue pour Paris depuis 2017, un club bien moins populaire auprès du jury de journalistes internationaux que les si vertueux et estimables FC Barcelone, Bayern Munich ou Real Madrid.
Reste qu'avant l'édition 2022 du trophée, Kylian Mbappé ne comptait toujours aucune présence sur le podium du Ballon d'or, à la différence de onze Français : les anciens vainqueurs Raymond Kopa, Michel Platini, Jean-Pierre Papin et Zinedine Zidane, mais aussi Just Fontaine, Alain Giresse, Jean Tigana, Éric Cantona, Thierry Henry, Franck Ribéry et Antoine Griezmann. Sa quatrième place de 2018 le met au même niveau dans le palmarès que Manuel Amoros en 1986, certes un formidable arrière gauche, mais qui était tout de même moins souvent qualifié de « meilleur joueur du monde » que l'actuel numéro 10 des Bleus.

AURA 38

Il a gagné le Trophée KOPA

Quatrième du Ballon d'or 1998, Kylian Mbappé devient la même année le premier récipiendaire du Trophée Kopa, également décerné sous l'égide de *France Football*, qui récompense le meilleur espoir mondial de moins de vingt et un ans. Comment a-t-il pu être snobé ici, mais adoubé là ? Parce que ce ne sont pas des journalistes internationaux qui prennent part au vote du Trophée Kopa, mais exclusivement les anciens Ballons d'or eux-mêmes.

En 2018, vingt-deux votants s'étaient exprimés, plutôt de fins connaisseurs du jeu… Du doyen Luis Suarez (1960) à Cristiano Ronaldo (le lauréat 2017), tous avaient classé Mbappé premier.

PROD. NO.
SCENE
TAKE
ROLL
DATE
SOUND
PROD. CO.

AURA
39

IL N'A JAMAIS FAIT DE CINÉMA

À la différence d'Ibrahimovic (le prochain *Astérix et Obélix : l'Empire du Milieu*), Pauleta (*La Cage dorée*) ou Rocheteau (*Le Garçu*), pour s'en tenir aux buteurs légendaires du PSG, Kylian Mbappé n'a jamais joué la comédie. Dominique Besnehard, producteur de la série de France 2 *Dix pour cent*, lui avait pourtant proposé d'apparaître dans la saison quatre, comme il l'a révélé sur France Inter en février 2022. « Les sportifs n'ont pas toujours inventé le fil à couper le beurre mais, lui, je le trouve brillant. On sent une bonté. On sent qu'il connaît son époque », précisait Besnehard. L'entourage de Kylian Mbappé a décliné l'offre en arguant de problèmes de calendrier, mais « il a été très correct », selon l'ancien agent. C'est Tony Parker qui, finalement, s'est amusé à se parodier pour *Dix pour cent*.

En fouillant dans les archives, on trouve toutefois la trace d'un don affirmé de Mbappé pour le cinéma. Non pas quand il choit dans la surface (il ne simule presque pas), mais dans une vidéo diffusée sur son compte Twitter le 14 juillet 2017. La mine défaite, Mbappé se lance d'une voix hésitante : « Comme vous le savez, ces derniers temps, mon nom a été associé à différentes choses, différentes rumeurs. » Regard inquiet vers la caméra. « Avec ma famille, on a beaucoup réfléchi, on a pesé le pour et le contre et on est parvenus à une décision. Dorénavant, je jouerai avec… (pause oratoire), avec… des Mercurial Vapor », révèle Mbappé en exhibant ses nouveaux souliers Nike. Bien joué !

Un entraîneur a réussi à le trouver MAUVAIS

C'est un ratage qui, aujourd'hui encore, colle aux crampons de Bruno Irles. Le dimanche 8 mai 2022, Troyes affronte le PSG au Parc des Princes, pour la 36e journée du dernier championnat. Le vendredi, une énième fois, l'entraîneur de l'Estac, Bruno Irles, est sommé de s'expliquer sur ses rapports exécrables avec Kylian Mbappé du temps de Monaco. Et il s'en irrite dans *L'Est éclair* : « Cet épisode est tellement anecdotique pour moi. En dix années comme formateur, deux cents joueurs sont passés avec moi. Il (Mbappé) est un deux-centième des joueurs que j'ai côtoyés. »
Déclaration fascinante, parce qu'Irles entend relativiser le débat alors qu'il renforce au contraire l'incompréhension : mais enfin, Bruno, comment as-tu pu avoir Mbappé sous tes ordres en moins de 17 ans et n'avoir pas compris qu'il se distinguait des 199 autres pousseurs de balle ? Et pourquoi l'entraîneur reconnu que tu es, qui viens de maintenir Troyes en Ligue 1, n'est-il pas capable de dire qu'il s'est trompé ?
La petite affaire empoisonnante date de l'arrivée de Mbappé à Monaco, en 2013. Kylian a 14 ans mais s'entraîne avec les U17 dirigés par Irles. Ce surclassement fait partie du deal, mais n'est pas du goût de l'ancien défenseur monégasque. Mbappé est parfois aligné en Division d'honneur, avec les amateurs, plutôt qu'en équipe première. Le formateur veut piquer au vif le gamin, qu'il juge

trop dilettante, trop peu concerné par les tâches défensives. « Ici, tu es à l'AS Monaco, pas au Real Madrid », lui lance-t-il un matin. Irles cherche à asseoir son autorité sur le groupe au détriment de Mbappé. Mais Mbappé réagit en se butant. « Le but, c'était de lui montrer ce qui lui manquait pour le haut niveau, racontera plus tard Irles. Je ne l'ai pas senti très réceptif à ces remarques, qui auraient été constructives pour lui. » Avec Wilfrid Mbappé, venu habiter avec son fils à Monaco, les relations s'enveniment. La direction de l'ASM intervient, demande à Irles de ne plus envoyer le prodige en « DH ». Il ne le titularise pas pour autant en équipe première. Mbappé finit la saison en s'entraînant seul quelques semaines. L'année suivante, Irles est envoyé en mission à Arles-Avignon…
L'entraîneur et le joueur n'ont depuis jamais retravaillé ensemble et ne sont pas près de le faire : selon nos informations, Mbappé a beaucoup hésité à la fin de la saison 2021-2022 entre le PSG et le Real Madrid, mais n'a jamais envisagé de signer à l'Espérance sportive Troyes-Aube-Champagne.

JEU 41

IL BRILLE COVIDÉ

Dribble dans la surface devant Lustig, contre favorable de Larsson, souple esquive du tacle glissé de Jansson, puis frappe du gauche dans un angle impossible face à Olsen. « Mbappé, un éclair dans l'ennui », titre *L'Équipe*, le 6 septembre 2020, pour qualifier le but du Parisien, qui a donné la veille la victoire à la France contre la Suède (0-1) à Solna, en Ligue des Nations.

Trente-six heures plus tard, à Clairefontaine, Mbappé est testé positif au coronavirus. Le meilleur Tricolore sur la pelouse était donc en pleine incubation lors du déplacement en Suède… Alors que la deuxième vague de la Covid démarre en France, alors que le gouvernement, les agences de santé, les conseils scientifiques et quiconque porte une blouse blanche s'emploie à préparer les Français à de nouvelles mesures contraignantes (le couvre-feu sera instauré le 14 octobre), un jeune homme en maillot… blanc également (ce soir-là) démontre en direct à la télé le peu d'impact de la maladie sur un organisme jeune et en bonne santé comme le sien. On imagine l'ambiance au cabinet du ministre Olivier Véran… « Quand je suis positif au Covid, c'est officialisé le soir même au journal de 20 heures », s'amusera, mi-chèvre mi-chou, Kylian Mbappé dans une interview à *L'Obs* en juin 2021… un mois après s'être fait vacciner devant les objectifs pour se faire pardonner son trop beau but en bleu.

FIFA
10
10

Pour un footeux, il VROUME-VROUME TRÈS PEU

En matière de voiture, la plus grande passion de Mbappé remonte à sa petite enfance à Bondy. C'est lui-même qui a raconté l'anecdote en février 2020, dans un texte publié sur le site Internet The Player's Tribune et adressé « aux enfants de banlieue » : « Quand j'avais trois ans, écrit-il, mon père m'a offert pour mon anniversaire un petit 4×4. Vous savez, ceux avec un petit moteur électrique. Vous pouvez vous asseoir à l'intérieur et les conduire. Il y avait des pédales et tout ça. Mes parents me laissaient le conduire depuis notre maison jusqu'au terrain de foot de l'autre côté de la rue, comme si j'étais un vrai footballeur qui conduisait pour aller à l'entraînement. Mais à peine arrivé, je laissais la voiture dans un coin pour aller jouer au ballon. Jouer au foot était bien plus important que de traîner dans cette voiture qui faisait pourtant rêver mes copains. »

En 2012, poursuit-t-il dans le même texte, alors qu'il visite les installations du Real Madrid, Zinédine Zidane l'attend en personne. « Je n'oublierai jamais le moment où on est arrivé au centre d'entraînement. Zidane nous a accueillis sur le parking près de sa voiture et c'était une très belle voiture, bien sûr. On s'est dit bonjour et il m'a proposé de me conduire au terrain pour l'entraînement. Il montrait le siège passager, genre "vas-y, monte !". Mais je me suis liquéfié et j'ai demandé : "Je dois enlever mes chaussures ?" Ahahaha ! Je ne sais pas pourquoi j'ai dit ça. Mais c'était la voiture de Zizou ! Il a trouvé ça très marrant. Il a répondu : "Bien sûr que non. Allez, monte !" »

Les années ont passé, Mbappé est devenu « un vrai footballeur qui va à l'entraînement », mais on le voit plus souvent descendre d'un confortable van Mercedes que d'un intimidant bolide de luxe. Dans le domaine publicitaire, les seules voitures auxquelles il ait été associé sont les Renault Mégane GT (en 2019) et Zoé (en 2020), dans des spots collectifs du Paris Saint-Germain où il n'apparaît jamais au volant ni même dans l'habitacle. Certains sites Internet lui attribuent la possession d'une Ferrari, mais sans que le modèle ne soit jamais précisé et sans qu'il n'ait jamais lui-même confirmé l'information. Mbappé a en revanche reconnu peu après ses vingt ans qu'il n'avait toujours pas le permis… et rien n'indiquait avant l'été 2022 qu'il l'ait passé entre-temps.

AURA 43

IL NE SE PRÉNOMME PAS Taylor

Stade de France, 21 mai 2016, finale de la Coupe Gambardella. À la mi-temps de Monaco-Lens, Daniel Lauclair interroge en direct Kylian Mbappé sur France Ô. « Alors, Taylor, c'est un grand moment… » se lance le journaliste de France Télévisions, qui croit avoir devant lui le défenseur lensois Taylor Moore (qui est anglais et blanc de peau). « Non, c'est Kylian Mbappé ! » intervient un confrère en plateau. Mais Lauclair enchaîne : « Alors, Kylian, c'est le moment de montrer que la formation lensoise est très, très forte… » « Monégasque », le reprend poliment Mbappé, vêtu d'un maillot monégasque rouge et blanc qui aurait pu fournir comme un indice à Lauclair… Après la pause, Mbappé marque ses deux premiers buts au Stade de France (victoire 3-0 de Monaco) et plus personne ne se trompera jamais de prénom en l'interviewant.

Il a déjà subi deux K.-O.

Kylian Mbappé a déjà subi deux K.-O., ce qui fait beaucoup pour un poids moyen (sa catégorie s'il boxait) de 23 ans. Le premier date du 12 août 2016, alors que Monaco reçoit Guingamp à Louis-II (2-2). Dans un duel aérien, il se heurte à la tête en bois du Breton Christophe Kerbrat (41e). Encadré par le médecin monégasque et son adjoint, il sort en tanguant de la pelouse, avant d'être allongé sur un brancard et placé sous minerve. L'attaquant est envoyé en observation pour la nuit à l'hôpital, puis manque sept matches. Mais il n'a gardé aucun ressentiment contre Kerbrat, à qui il a par la suite offert un maillot.

Le deuxième knock-out fait davantage polémique : il date du 21 janvier 2018 et de la remarquable « Schumacher » (percussion genoux et coude en avant) opérée par le gardien gone Anthony Lopes sur Mbappé dans sa surface, à la trentième minute de Lyon-PSG (2-1). Après six minutes de soins, le Parisien quitte le terrain. Lopes tente deux fois de s'excuser, au moment de la sortie de Mbappé, puis dans les vestiaires, mais on ne le laisse pas approcher. « Je ne lui en ai pas voulu. Il a juste été maladroit, commentera l'international français. En revanche, je n'ai pas trop compris pourquoi l'arbitre n'avait rien sifflé. » Car M. Turpin, dans l'un de ces soirs qui ont fait sa gloire, ne voit pas là matière à penalty, carton jaune ni carton rouge...

IL A CONTRIBUÉ À RETROUVER LE CORPS DE SALA

Le 19 janvier 2019, l'avion de tourisme qui transporte Emiliano Sala de Nantes à Cardiff, où l'attaquant argentin vient de signer, s'abîme dans la Manche. Le 24 janvier, après trois jours de vaines recherches, la police de Guernesey annonce leur abandon. La famille de l'ancien Canari ne l'accepte pas et ouvre sur le site GoFundMe une cagnotte destinée à retrouver la dépouille du joueur de 28 ans en affrétant un navire spécialisé dans les recherches sous-marines. Parmi les nombreux contributeurs de Ligue 1 (Adrien Rabiot, Dimitri Payet, la famille Kita...) figure le nom de Kylian Mbappé, auteur du don le plus généreux (27000£, soit 30800€). Le Parisien et Emiliano Sala, de huit ans son aîné, n'étaient pourtant pas spécialement amis, mais plutôt rivaux : juste avant son transfert, Sala figurait au troisième rang du classement des buteurs de Ligue 1, avec seulement deux buts de moins que Mbappé (14 réalisations).

Grâce aux quelque 320000 € récoltés, l'épave est localisée, le corps de Sala repêché, mais pas celui du pilote, David Ibbotson. Nouvelle cagnotte et nouveau don de Mbappé, de 27000£ à nouveau. Mais, certainement gêné par la publicité faite autour de son premier don, il l'effectue cette fois-ci sous le nom plus discret d'Élie Lottin (son nom complet est Kylian Mbappé Lottin).

Le corps d'Ibbotson n'a jamais été retrouvé.

MACIF

IL A OFFERT À PERRIN une sortie remarquée

« Je ne veux pas être un figurant. Un joueur qui a fait ses petites saisons dans le ventre mou du classement », avait confié Kylian Mbappé à *France Football* en septembre 2017. Des figurants anonymes, il en croise chaque semaine. Mais, le 24 juillet 2020, la situation diffère. Le PSG affronte Saint-Étienne en finale de la Coupe, premier match officiel sur le sol français depuis le PSG-Dortmund (2-0) du 11 mars 2020, en Ligue des champions. Depuis plus de quatre mois, Mbappé n'a plus rejoué en compétition, pour cause de Covid, pour cause d'arrêt total du football en France, merci le gouvernement… D'autres échéances s'annoncent : la finale de la Coupe de la Ligue contre Lyon, le tournoi terminal de la Ligue des champions, à Lisbonne, mi-août… Mais, pour Loïc Perrin aussi, cette finale de la Coupe de France 2020 compte immensément. Après une carrière stéphanoise de seize saisons, 470 matches et zéro sélection, à trente-quatre ans, il va raccrocher les crampons. Voilà l'occasion d'ajouter une deuxième et dernière ligne à son palmarès après la Coupe de la Ligue 2013.
Dans la vastitude inutile du Stade de France (seuls quatre mille spectateurs sont admis), une béquille féroce de Maçon sur Neymar donne vite le ton. Les Verts vont jouer les costauds. Maladroitement et en vain : un coup franc de Mbappé, repoussé par Moulin, est repris par Neymar (1-0, 14e). Le match manque de rythme, mais l'envie est là : Mbappé démarre, détale, désoriente. Di Maria le lance en profondeur… Loïc Perrin se jette dans la course de l'attaquant, semelle gauche en avant. Mbappé évite le tacle, mais le genou droit du capitaine stéphanois percute la cheville du Parisien, qui se tord

à l'équerre (29e minute). Il hurle, se prend la jambe, pleure. Autour, c'est l'empoignade générale. Carton jaune pour Perrin ? Ah non : rouge, après intervention de la vidéo. Mbappé est évacué et remplacé, Perrin exclu. Mais, en fait, la route du champion et celle du figurant se sont croisées au bénéfice… du second. Une simple défaite l'aurait renvoyé à son gris, ou plutôt vert anonymat. La vitesse ivre de Mbappé lui a offert une sortie dans la lumière. Il devient le capitaine valeureux mais si malheureux… On le plaint en direct à la télé, sur les plateaux des talk-shows. Pleine de compassion, la commission de discipline oubliera même de lui infliger le moindre match de suspension. Mbappé, un mois plus tard, à peine rafistolé, jouera et perdra contre le Bayern Munich (0-1) sa seule finale à ce jour de Ligue des champions.

PERSO 47

IL A TOUJOURS BOUDÉ

Une moue dégoûtée, la démarche lourde, pas un regard pour l'arbitre qui lui met un carton pour gain de temps, une tape distante dans la main de Mauricio Pochettino… Le 17 avril 2022, l'entraîneur du PSG, à la 91e minute de PSG-OM (2-1), remplace Mbappé par Icardi, dont le jeu de tête peut servir sur corner défensif. Logique, mais le numéro 7 parisien, renfrogné, boude ouvertement sur son siège. Le football est un sport collectif, mais Mbappé, dès qu'on le sort, ce garçon, c'est comme ça, il boude.

En février 2020, lors de la réception de Montpellier au Parc, l'affaire, entre Thomas Tuchel et lui, avait pris d'autres proportions. À 5-0 pour Paris à la 68e minute, le coach allemand avait estimé légitime de mettre le stakhanoviste au repos. Mais, en sortant, Mbappé avait carrément repoussé l'accolade de Tuchel d'un air de roitelet offusqué. Et en équipe de France ? En présence de Didier Deschamps, Mbappé n'est jamais allé publiquement au-delà du tirage de tronche, mais il a régulièrement enclenché son mode boudeur lors des rassemblements.

Ce déplaisant trait de caractère, pour autant, ne lui est pas venu avec le succès et la notoriété. Il ressurgit au contraire de son enfance. De Bondy à Monaco, tous les enseignants, tous les éducateurs, tous ses anciens camarades ont toujours décrit un Mbappé boudeur à la moindre contrariété. Au point qu'à l'INF Clairefontaine sa grise mine lui avait valu de récolter le surnom de… « Mbébé ».

PERSO
48

IL N'EST PAS TATOUÉ

Nous ne pouvons officiellement affirmer qu'aucun tatouage n'orne le corps de Kylian Mbappé, puisque certaines parties de son anatomie sont restées cachées à nos regards. Mais l'enveloppe épidermique de Mbappé semble bien aussi immaculée que celle d'un nourrisson.
Une rareté parmi les mollets et biceps qui courent après un ballon, mais que Mbappé partage toutefois avec son ancien partenaire Edinson Cavani comme avec Cristiano Ronaldo, un modèle qu'il a toujours revendiqué.

PATATOUÉ

Son rêve olympique EST NÉ À OLYMPIE

On ne connaît pas chaque clause du nouveau contrat qui lie Kylian Mbappé au Paris Saint-Germain, mais on est certain de celle-ci : du 26 juillet au 11 août 2024, le club le laissera disputer les Jeux Olympiques à Paris, sa ville natale. Le champion du monde voulait déjà participer aux JO de Tokyo, mais le tournoi de football n'est pas reconnu comme « date FIFA » ; dans son droit, le PSG a donc refusé de le libérer en 2020 comme en 2021, lorsque l'épreuve s'est déroulée pour de bon. « J'avais envie d'y participer, mais on m'a coupé l'herbe sous le pied », fulminait Mbappé en octobre 2021 dans une lettre à *L'Équipe*, publiée mille jours avant l'échéance olympique.

Lors de la soirée Sport en Seine organisée pour l'occasion, c'est même un cri d'amour à l'olympisme qu'il avait poussé : « Les Jeux, c'est la chose que je veux réaliser dans ma carrière. C'est l'ADN du sport, l'événement qui rassemble le monde entier. C'est l'occasion d'ouvrir son sport au monde, de le faire découvrir et de découvrir d'autres sports. »

D'où lui est venue cette passion ?

D'Olympie elle-même, le sanctuaire grec qui abrita les Jeux antiques à partir du huitième siècle avant Jésus-Christ. En sixième, Mbappé avait participé à un voyage scolaire en Grèce avec vingt-six autres collégiens de l'Assomption de Bondy. Des visites à Athènes, Delphes et Olympie figuraient au programme. Le stade des premières foulées sportives de l'histoire humaine, il l'avait contemplé, émerveillé, de ses propres yeux...

uhlsport
QNB

CARRIÈRE 50

Il a claqué un triplé pour son COURONNEMENT

Lorsqu'il est sacré empereur, le 2 décembre 1804 à Notre-Dame de Paris, Napoléon, après avoir reçu la bénédiction de Pie VII, ne laisse pas le pape le couronner : il se saisit de la couronne pour la poser lui-même sur sa tête impériale.

C'est un peu le même geste qu'opère Kylian Mbappé, le 21 mai 2022, en la cathédrale du Parc des Princes, lors de la dernière journée de Ligue 1. En compagnie du président Nasser al-Khelaïfi, il commence par annoncer, depuis un podium monté sur la pelouse, sa prolongation de trois ans au PSG. Puis, le jeune empereur inscrit lui-même face à Metz (5-0) un triplé qui est déjà le dixième de son auguste carrière. C'est le huitième pour le Paris Saint-Germain, performance qui lui vaut d'égaler le record de Zlatan Ibrahimovic sous le maillot rouge et bleu.

Ses deux autres triplés ont été réalisés pour Monaco, dont le tout premier, le 14 décembre 2016, lors d'un succès à Louis-II contre Rennes (7-0) en huitième de finale de la Coupe de la Ligue. Mbappé avait encore 17 ans. « C'est vraiment un grand moment, le meilleur de ma carrière pour l'instant. Mais ce n'est qu'un début. Je vais travailler et travailler pour rééditer ce genre de performance », déclarait-il, prémonitoire, ce soir-là. Il avait fait signer le ballon par tous ses coéquipiers puis avait dormi avec.

PERSO 51

IL A LE BAC

« Quand j'allais à l'école – je n'aimais pas l'école –, je me disais : cela me servira peut-être dans le foot », raconte Kylian Mbappé à *France Football* en septembre 2017. Il n'a pas aimé l'école, mais il s'est tout de même débrouillé pour décrocher le bac à 17 ans, en section STMG (sciences et technologies du management et de la gestion). Pourquoi cette filière ? Il avait demandé à sa conseillère d'orientation « un bac où l'on n'ouvre pas de livres et pas de cahiers »…

Mbappé passe les épreuves en juin 2016, au cours d'un printemps et d'un été follement chargés, puisqu'il gagne la Coupe Gambardella en mai avec Monaco puis l'Euro des moins de 19 ans en juillet avec la France. Il échoue pour 19 points, qu'il parvient à rattraper à la session de septembre. « J'ai raté beaucoup de cours et n'ai pas pu suivre une scolarité normale, explique-t-il alors. Mais j'ai commencé quelque chose, alors autant bien le finir. J'avais besoin de ce diplôme pour mes projets d'après-carrière, dont celui de devenir entraîneur. »

Mbappé ira annoncer personnellement son succès à Jean-Claude Lafargue, le directeur de l'INF Clairefontaine, témoin des difficultés d'attention au collège de son ancien pensionnaire. Une fierté justifiée : durant la Coupe du monde 2018, seuls six Bleus sur vingt-trois étaient bacheliers.

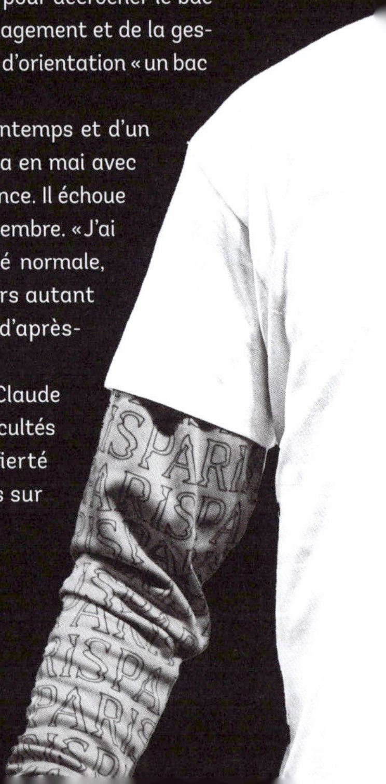

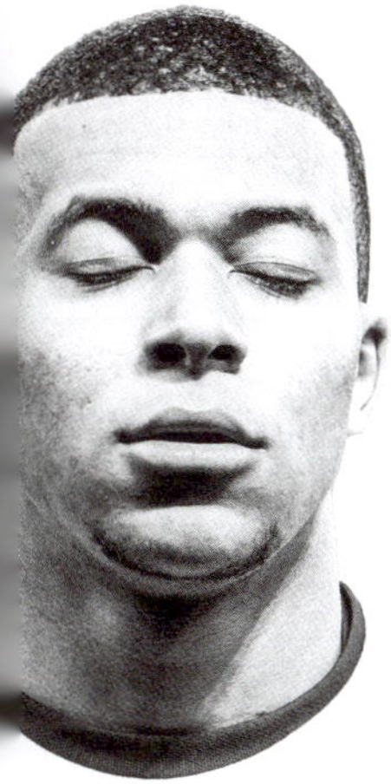

MARADONA aussi l'a adoubé

Pelé a désigné Mbappé comme son successeur, mais – c'est moins connu – Diego Maradona l'encensait lui aussi. Le 15 décembre 2017, il rapporte au quotidien espagnol *As* que, lors d'une rencontre avec Florentino Pérez à la Fifa, il a recommandé le gamin au président du Real Madrid : « Mbappé est pour moi la révélation du football. Vendez Bale et faites jouer Mbappé avec Ronaldo et Benzema ! » L'Argentin se montre néanmoins un tantinet moins élogieux dans l'interview qu'il accorde à *France Football* en octobre 2020, un mois avant sa mort : « Mbappé, c'est un joueur fantastique, mais il reste un gamin ! Il faut qu'il dispute plein de compétitions pour continuer de grandir. Je dois toutefois admettre qu'il va vraiment vite et qu'il a un toucher de balle particulier. »

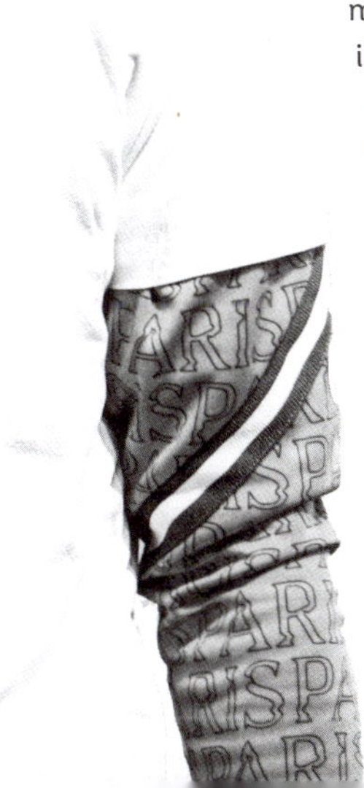

JEU 53

QUAND IL MARQUE, IL S'ASTIQUE LES DESSOUS DE BRAS

Mbappé saute en pleine course, retombe planté sur ses deux pieds, face à une caméra de préférence, se croise les bras, mains sous les aisselles, pousse un cri d'auto-admiration, puis attend que déferlent sur lui ses coéquipiers… D'où vient la célébration à la Kylian ? De son cadet Ethan. « C'est parti de rien, d'un chambrage à la PlayStation, rigole le grand frère dans une interview à BeIN Sports en mai 2017. Ethan marque un but et il le célèbre en croisant les bras. Cinq minutes après, il met sur pause et me dit : "Kylian, tu pourrais faire ça en match !" »

Si, depuis, on a vu plus de deux cents fois Mbappé s'astiquer publiquement les dessous de bras, la posture admet des variantes. Le 27 octobre 2019, un soir de doublé personnel au Parc des Princes contre Marseille (4-0), il se frotte les poings sur les yeux comme un bébé qui pleure. « C'est juste une petite anecdote privée avec deux amis. Et non une quelconque vanne contre l'OM ou une réponse aux récentes critiques » tweete-t-il dans la nuit… sans qu'on soit obligé de le croire. On l'a vu aussi simuler l'ouverture d'un frigo en référence à un sketch de l'humoriste Malik Bentalha (contre Angers, en août 2018, 2-0) ou recréer avec Hachraf Hakimi (contre Angers, en octobre 2021, 2-1) la pose alanguie prise quelques jours plus tôt par les deux joueurs dans une supérette de Trappes, face à des badauds ébahis de les trouver là qui les avaient pris en photo.

LIGUE 1
Uber Eats
PARIS

IL AIME REPOUSSER les offres du REAL

« Un insulte au football. » C'est ainsi que Javier Tebas, le président de la Liga espagnole, a qualifié le choix de Kylian Mbappé de prolonger de trois ans au PSG, en mai 2022. À ce compte-là, c'est le syndrome de La Tourette qui agite notre attaquant préféré, puisque, depuis l'adolescence, il a repoussé trois fois des offres concrètes du Real Madrid.

Son premier refus date de décembre 2012. Mbappé, 13 ans, a grandi en rêvant aux « Galactiques ». Il visite les installations madrilènes, pose en photo avec son idole Cristiano Ronaldo, s'entraîne en maillot merengue… La réponse du club est positive. Pas celle de la famille Mbappé. « Je voulais juste leur prouver que j'étais un bon joueur et sentir que le Real me désirait. S'il n'y avait eu que le foot, je serais peut-être parti, mais il y avait aussi le changement de culture. Il fallait changer de pays, de langue, d'école », commente-t-il huit mois plus tard, alors qu'il vient de signer à Monaco. La deuxième « insulte » date de l'été 2017. Florentino Pérez, le président madrilène, comme Zinédine Zidane, veulent recruter Mbappé. Mais lui n'est pas pressé. À un an de la Coupe du monde, le Monégasque recherche surtout un temps de jeu conséquent. L'aura-t-il à Madrid ? Zidane avoue ne pas pouvoir le lui assurer. Le montant record du transfert (180 millions d'euros) commence même à circuler, alors qu'aucune décision n'a été arrêtée, ce qui agace le clan Mbappé. Le jeune homme entend rester à Monaco, mais Leonardo Jardim lui-même lui conseille de partir, ce qui le choque et le déçoit profondément… La porte s'ouvre pour le Paris Saint-Germain, en embuscade depuis tout ce temps. Reste la prolongation parisienne de mai 2022, volonté d'écrire sa propre histoire avec Paris plutôt que de contribuer à quelques lignes de plus au palmarès du club le plus titré du football européen.

À trois âges charnières (13-14 ans, 18 ans, 23 ans), ces trois « no » au Real Madrid n'ont donc rien d'insultants. Ils correspondent à des choix raisonnés. À chaque fois, Mbappé se sert de la « Maison blanche » pour se sentir désiré. À chaque fois, il sent qu'il grandit puisqu'il renonce à ses rêves d'enfant pour s'affirmer.

AURA
55

Il agace Patrice ÉVRA

À part à Madrid, pas facile de trouver des ennemis à Kylian Mbappé. Mais quand on cherche dans notre bonne vieille France, on tombe vite sur Patrice Évra. En janvier 2022, le quotidien *Aujourd'hui en France* organise une rencontre entre l'ex-capitaine des Bleus et ses lecteurs. « Que faire contre le racisme dans le sport ? » demande Aline. « Il faut arrêter de faire semblant de le combattre », réplique Évra. Qui enchaîne : « Par exemple, Kylian Mbappé, qui s'est récemment exprimé sur le racisme, si je lui demande : "La prochaine fois qu'un joueur est sifflé à cause de sa couleur, je veux que tous les joueurs arrêtent de jouer. Ils vont le faire ?" Non. » Déclaration absurde puisque, le 8 décembre 2020, lors de PSG-Basaksehir, Mbappé a soutenu les joueurs adverses dans leur refus de reprendre le jeu après l'apostrophe malheureuse (« le Noir, là ») proférée par le quatrième arbitre roumain à l'encontre de Pierre-Achille Webo, l'entraîneur adjoint d'Istanbul… « Que pensez-vous de Mbappé ? » interroge à son tour Romain. « J'aimerais voir Kylian déraper, répond Évra. Je le trouve trop formaté. Je l'adore, mais il est trop clean et ça cache quelque chose. Quand je l'entends parler, j'ai l'impression d'entendre un politicien. Sur le terrain, j'espère qu'il pense à l'équipe et non à ses objectifs personnels parce que la star, c'est l'équipe, pas seulement un seul joueur. »

Au début, pour *L'Équipe*, il était « LE MAGICIEN »

Sa première une de *L'Équipe*, Kylian Mbappé l'a faite le 6 mars 2017, au lendemain d'une victoire 4-0 de Monaco contre Nantes. Titre pleine page : « LE MAGICIEN ». Une photo magnifique du regretté Richard Martin, pleine page elle aussi, voit le numéro 29 monégasque ouvrir le score d'une reprise acrobatique. « Nous avons passé le week-end à attendre le dimanche soir parce qu'on allait voir jouer Bernardo Silva et Kylian Mbappé », écrit Vincent Duluc, élogieux, dans son éditorial de la page 2. Le quotidien est-il allé trop loin ? Le lendemain, 7 mars, Didier Deschamps lui-même tempère l'excitation générale dans un encart en haut de la une : « Mbappé a encore à progresser. »

JEU
57

EN FINALE DU MONDIAL, SOUDAIN, LE TROU NOIR...

La France et la Croatie sont à égalité (1-1) et c'est Griezmann qui tire le corner depuis la droite. Matuidi saute et rate le ballon, qui heurte la main de Perisic avant de sortir du terrain (34e). Penalty ou corner ? La finale de la Coupe du monde 2018, au stade Loujniki, connaît un tournant. Comme d'autres Bleus, Mbappé, bien placé, qui a tout vu, signale la main à l'arbitre, M. Pitana, geste à l'appui. Et puis c'est... le trou noir.
Pendant l'intervention de la VAR et ces ralentis qu'on épuise à l'image près sans que le public ni les joueurs n'y aient droit, Mbappé déconnecte. « Moi qui ai l'habitude d'être dans ma bulle tout au long d'un match, là, j'en suis complètement sorti, a-t-il reconnu dans *France Football* cinq mois plus tard. Pendant les cinq, six minutes d'arrêt de jeu (seulement quatre, en fait), je suis parti loin, loin... J'ai commencé à regarder le tableau d'affichage, à essayer de repérer ma famille en tribune, à me dire : "Ah ouais, t'es en finale de Coupe du monde, là..." J'étais ailleurs. »
Une distraction que Kylian Mbappé avait déjà connue un an plus tôt, contre Manchester City, en Ligue des champions. Il a longtemps appelé cela « s'échapper ». Au fil des années, il s'est efforcé de lutter contre cette soudaine pierre-richardisation de sa concentration. À Moscou, l'arbitre indique le point de penalty, Griezmann bat Subasic (2-1, 38e) et Mbappé se rue pour le féliciter, enfin de retour parmi les siens.

AURA
58

IL N'A PAS DE SURNOM attitré

« La Pulga » (la puce) pour Leo Messi, « CR7 » pour Cristiano Ronaldo, « le Ney » pour Neymar… Comme Zizou, Platoche ou le Kaiser en leur temps, les stars du foot ont un surnom accepté, répété, attitré. Mais pas Kylian Mbappé. Au cours de sa carrière, « le crack de Bondy » ou « le génie français » ont été naguère martelés par des journalistes sans inspiration, mais sans jamais s'installer. À l'INF ont circulé durant son adolescence « Mbébé » (voir 47e nuance) ou « Chicots d'or »… parce qu'il ne se lavait pas assez les dents. Jemerson le nomma « Bip Bip » à Monaco, en référence à l'irrattrapable oiseau poursuivi par Vil Coyote. Chez les Bleus, il fut brièvement « Razmoket », autre référence à un dessin animé, tandis qu'au Paris-SG Neymar le surnomma lors de leur arrivée « Donatello », pour sa ressemblance supposée avec la Tortue ninja. Les trois sobriquets, trop liés au monde de l'enfance, ont disparu avec le temps et à force de se concurrencer. Restent « Kyky », utilisé dans son univers familial, mais trop intime et puéril pour se généraliser, ou cette belle trouvaille de son ami d'enfance Kibéti Kobo, « Tête de poire », qui mériterait selon nous davantage de publicité.

Pourquoi Kylian Mbappé, en définitive, n'a-t-il pas de diminutif ? Parce qu'il n'est ni une image ni un doudou ni un concept : il est Mbappé, un jeune homme complexe dont la personnalité évolue et ne saurait se résumer à une formule passe-partout.

PERSO
59

IL NE TIENT PAS TOUJOURS PAROLE

Non, il ne sera pas question du Real Madrid dans cette page ! Car Kylian Mbappé n'a évidemment jamais donné « sa parole » au président Florentino Pérez qu'il s'engagerait dans le club de la capitale espagnole. Et d'une : dans le football moderne, la signature d'un contrat ne s'effectue pas par le viril frottement d'un mollard entre deux paumes. Et de deux : Mbappé a au contraire répété 276 fois entre août 2021 et mai 2022 qu'il « poursuivait sa réflexion » et que « sa décision n'était pas encore prise »...

Néanmoins, force est d'avouer que Kylian Mbappé a déjà manqué à sa parole. Les faits remontent à septembre 2016. Alors qu'il s'apprête à passer l'oral de rattrapage du baccalauréat, Mbappé émet sur les réseaux sociaux et à l'antenne de Monaco TV la déclaration suivante : « Si je l'ai, je me déguise en Bouba et fais un tour de terrain ! » Qui est Bouba ? La mascotte du club, un souriant éléphant aux yeux bleus. Or la promesse n'a jamais été tenue. L'inconsolable Bouba se morfond donc depuis six ans dans les vestiaires de Louis-II, à attendre que l'ancien jeune prince monégasque se souvienne de sa modeste existence de peluche géante...

IL AIME À REVOIR SON NORD-BONDY

Lorsque, à 18 ans, après son expérience monégasque, Kylian Mbappé signe à Paris, il emménage en famille dans un appartement du quartier du Trocadéro, dans le seizième arrondissement parisien. «À Bondy, tout le monde savait où j'habitais et j'avais besoin de tranquillité. Et puis les temps de transport étaient trop longs», explique-t-il alors. Bondy est située en banlieue est, le Camp des Loges en banlieue ouest et le Parc des Princes dans le seizième, précisément.

Mais le gamin de Seine-Saint-Denis n'a jamais laissé tomber la ville de son enfance. Le 18 mai 2017, après son premier titre de champion avec Monaco, il avait effectué un aller-retour entre la Principauté et Bondy pour présenter l'Hexagoal aux habitants. « Personne ne peut comprendre l'émotion que j'ai aujourd'hui, déclare-t-il. C'est un sentiment de fierté extrême. C'est la ville dans laquelle j'ai grandi, où je me suis développé, où j'ai laissé une partie de moi. Ici, je ne suis pas Mbappé, je suis juste Kylian.» Rebelote le 17 octobre 2018, après le triomphe en Coupe du monde, quand plusieurs milliers de Bondynois accueillent le buteur des Bleus au stade Léo-Lagrange, dans ce Nord-Bondy qu'il aime tant à revoir. Mbappé est fait citoyen d'honneur, tandis que des écrans géants retracent ses exploits et que la population reprend une chanson écrite pour l'occasion, « Liberté, égalité, Mbappé ». « Kylian montre à la France et même au monde que nos banlieues, c'est autre chose que ce qu'on caricature », assure ce jour-là Sylvine Thomassin, maire PS de Bondy.

Mbappé aide volontiers différentes associations de la ville, finance des voyages scolaires pour des enfants en difficulté. Bien que résident parisien, il votait encore à Bondy en 2020 et

avait fait le déplacement lors du deuxième tour des municipales, en juin. Après l'invalidation des élections (perdues par Thomassin), il était encore venu distribuer des bandes-dessinées au stade Léo-Lagrange, en décembre 2021, pour la nouvelle campagne municipale, en présence de Sylvine Thomassin, une amie de sa mère, et sans que le nouvel édile, Stephen Hervé (Les Républicains), ne soit prévenu…

Le 30 janvier 2022, la nouvelle élection a confirmé Hervé et éloigné par ricochet Kylian Mbappé de sa cité de cœur. Mais quand il n'est pas là, il y est toujours, puisqu'une fresque à sa gloire de Nike, son équipementier, orne toujours le pignon d'un grand immeuble bondynois, sur un parking partagé par le Plancha Grill et le Buffalo Grill de l'avenue Gallieni.

JEU
61

IL ATTEINT LES 38 KM/H

Mauvais contrôle de l'Argentin Banega dans la moitié de terrain des Bleus. Mbappé récupère la balle, démarre tout droit vers le but d'Armani en laissant sur place Tagliafico. Nouvelle touche de balle, nouvelle accélération. Mascherano est trop court. « Sur ce coup-là, je me dis que je peux y aller, raconte Mbappé. Et plus j'avance et me rapproche de la cage, plus je me dis qu'il va falloir faire quelque chose. » Rojo tente une intervention. Le Français pousse la balle, accélère encore, passe l'épaule devant l'Argentin. « Je suis accroché, je tombe et c'est penalty. » Griezmann ouvre le score (9e) et une planète stupéfaite découvre la pointe de vitesse stupéfiante du numéro 10 des Bleus, en direct de Kazan, où la France bat l'Argentine (4-3), le 30 juin 2018, en huitième de finale de la Coupe du monde.

Les qualificatifs les plus élogieux se déversent sur Mbappé. Un chiffre, aussi : 37,5, sa vitesse en km/h au plus fort de sa course folle. « 37 », c'est dès lors le surnom que lui donne son pote Florian Thauvin pour la suite du tournoi. Lors de l'Euro, trois ans plus tard, Mbappé récidive avec une pointe à 37,6 km/h lors d'un sprint qui ridiculise Hummels à l'Allianz Arena de Munich, le 15 juin 2021, face à l'Allemagne (1-0). Mais son record absolu date d'un PSG-Monaco (3-1), le 21 avril 2019 : 38 km/h dans la course sans ballon qui le conduit à la réception victorieuse (1-0, 15e) d'une passe de Moussa Diaby.

À la prochaine ruée de ce type, suggérons à Mbappé de bien restreindre son élan à la seule pelouse du Parc des Princes. Car, dans les rues adjacentes, un tel excès de vitesse dans l'agglomération parisienne est désormais sanctionnée de 90 € d'amende et du retrait d'un point de permis.

PERSO
62

Il aime construire des HÔTELS

Kylian Mbappé a grandi avec la PlayStation. Son père ramenait régulièrement de nouveaux jeux à la maison et le gamin a très tôt appris à exceller à FIFA… jusqu'à figurer, seul et en majesté, sur la pochette de l'édition FIFA 22. En décembre 2018, Mbappé avait organisé à ses frais un tournoi intitulé « Let's Play by KM », qui avait réuni quatre cents gamins dans un multiplexe de cinéma parisien. Dans les équipes où il est passé, ses partenaires ont toujours raconté son refus de la défaite manette en main et sa volonté parfois monomaniaque de toujours s'améliorer. Plus récemment, après avoir perdu une série de matches au jeu NBA 2K contre le journaliste de Canal+ Antoine Le Roy, Mbappé a passé une semaine

à en travailler le maniement, à regarder des tutoriels et à étudier les points forts et faibles de tous les joueurs… Avant d'écraser son adversaire lors de leur confrontation suivante.

Pourtant, le jeu auquel préfère désormais s'adonner Mbappé ne nécessite aucun écran : c'est le Monopoly. Au début, il achetait « les mauvaises rues », déclarait-il en 2018, mais l'époque semble révolue. « Avec trois ou quatre cobayes, il peut y jouer jusqu'à 2 heures du matin, rapportait sa mère à *Paris Match* en décembre 2021. Qu'ils aient trois, huit ou quarante ans, il ne leur laisse pas la moindre chance de le battre. » Construire un projet à long terme, hôtel par hôtel, tout en s'amusant, en descendant des Cacolac et en contrôlant lui-même les passages par la case départ et la transmission des gros billets… Tiens, tiens ? Et si le Monopoly symbolisait tout simplement le jeu auquel Mbappé s'adonne à échelle réelle dans notre société ?

IL N'EST PAS SI MAUVAIS DE LA TÊTE

Son plus beau but de la tête, Mbappé le marque face au Kazakhstan (8-0), le 13 novembre 2021 au Parc. Sur un centre de Coman, il s'élève plus haut que Pokatilov, reste en suspension, place une géniale tête décroisée dans le petit filet (3-0, 32e). Sa réaction ? Il sourit, se tourne vers Didier Deschamps et se tapote le front. L'explication à ce geste, il la donne après le match : « Hier, j'ai marqué de la tête à l'entraînement avec mon cache-cou. Le sélectionneur criait à la chance, donc c'est un coup du destin. C'est vrai que je n'ai pas un jeu de tête de haut niveau mais, depuis cette année, j'ai beaucoup progressé. »

Cet exploit frontal n'est alors que le premier de Mbappé en bleu… et son neuvième but de la tête en carrière. Un ratio infime pour qui a marqué 225 buts lors de ses sept premières saisons en pro. Eh bien pourtant, nous affirmons ici que le joueur comme cet ignare de Deschamps se trompent. Mbappé est excellent de la tête, bon sang ! Et s'il ne marque pas souvent du chef, c'est parce qu'on lui envoie la balle dans les pieds.

Le premier indice en appui de cette thèse ? Sa saison 2016-2017 avec Monaco. Mbappé inscrit quatre buts de la tête, trois sur des centres de Bernardo Silva (contre Montpellier, 6-2), Germain (Nantes, 4-0) et Moutinho (Caen, 0-3), le dernier sur un ballon repoussé par le gardien de Chambly (4-5 a.p.) en Coupe de France. Ses passeurs n'ont pas encore

succombé au mythe du « Mbappé mauvais de la tête ». Ils centrent haut et le jeunot fait le reste, face à des défenseurs (Shkiri, Dubois, Guilbert) battus dans le positionnement, qui ont moins bien lu que lui la trajectoire. Avec le PSG, cette réactivité lui permet d'anticiper une louche de Cavani face au Bayern Munich en décembre 2017 (défaite 3-1), d'intervenir sur une frappe détournée par le gardien de Bruges (0-5) lors de son triplé d'octobre 2019 ou de sanctionner Brest sur un ballon aérien errant (victoire 2-4) en août 2021, une semaine avant un but plus classique contre Reims (0-2) sur passe de Di Maria.
Certes, aucun des neuf buts de la tête de Mbappé n'est marqué à la lutte sur corner. Mais parce qu'il ne se positionne pas au point de penalty, pardi ! En sélection, ce sont Giroud, Pogba ou Benzema qui s'y collent. Au PSG, Mbappé tire souvent les corners côté gauche, combine avec Neymar ou se poste dans l'axe à l'extérieur de la surface. Bref, si le crâne de Mbappé reste loin des 29 exécutions « capitales » de Cavani pour Paris, il a aussi bien moins souvent vendangé sur ballon aérien que le Matador. Alors, convaincus ?

7
500 EURO
500 EURO
500
200 EURO

CARRIÈRE 64

IL A OFFERT 35 M€ À MONACO

La prolongation de Kylian Mbappé au PSG, le 21 mai 2022, a enthousiasmé la capitale, assombri Madrid et fortement réjoui un petit village de pêcheurs à l'opposé de l'Hexagone, nommé Monaco. Car la signature qu'il a apposée au bas du nouveau contrat a mécaniquement rapporté 35 millions d'euros à l'ASM. En 2017, lorsque le prêt avec option d'achat avait été conclu entre son club formateur et Paris, le montant portait sur 145 millions d'euros, assortis de 35 millions de bonus lors de la revente ou de la prolongation du joueur. Or personne à l'époque n'avait imaginé une tierce possibilité : que Mbappé signe libre pour le Real Madrid à l'expiration de son contrat… On imagine donc la satisfaction de Dmitri Rybolovlev, le président monégasque, à l'annonce de la prolongation.

À tout hasard, précisons que le cadeau n'a aucune chance de retomber sous forme de missiles sur la population ukrainienne. Bien que russe et oligarque, Dmitri Rybolovlev (citoyen européen puisqu'il possède aussi la nationalité chypriote) n'est en rien considéré comme un partisan de Vladimir Poutine.

PERSO
65

SON « FRÈRE » JIRÈS n'est pas vraiment son frère

L'ancien attaquant de Rennes (2006-2012) Jirès Kembo est parfois présenté comme le « grand frère » de Kylian Mbappé, plus souvent comme son « demi-frère », voire comme son « frère adoptif », qualificatif plus exact mais qui reste faux. Les deux footballeurs ne sont frères ni par le sang ni par la loi. L'histoire est encore plus belle.

De dix ans plus âgé que Kylian, Jirès Kembo naît à Kinshasa le 8 janvier 1988, fils de Jean Kembo, un ancien international zaïrois. Lorsque l'enfant à six ans, ses parents l'envoient en France pour lui offrir une vie meilleure. Il grandit chez des amis de son père à Bondy, qu'il croit son oncle et sa tante. Et il joue bien au foot, dans la rue ou la cour d'école… Quand Jirès a neuf ans, Wilfrid Mbappé, le père de Kylian, le prend à l'AS Bondy dont il est le formateur. Jirès progresse de manière éclatante. Un soir, personne ne vient chercher le petit garçon, qui attend la nuit chez les Mbappé. Il n'en repartira pas avant des années. Bien que leur fils Kylian soit encore en bas âge, le couple décide d'élever cet enfant sans famille et Wilfrid Mbappé devient le tuteur légal de Jirès Kembo. « Les Mbappé ne m'ont pas adopté, mais je les appelle mon père et ma mère, car ce sont des gens avec qui j'ai vécu depuis tout petit. Wilfrid a représenté l'image paternelle que je n'avais pas eue », expliquait Kembo avec chaleur à *So Foot* en mars 2016.

La carrière de Jirès va le conduire à l'INF Clairefontaine, puis au Stade Rennais. En 2012, malgré une saison à 42 matches et treize buts, l'ancien international Espoir (treize sélections) effectue un choix financier : il signe pour le club emirati d'Al Aïn et le cœur de son « petit frère » se brise. « Je pensais qu'il pouvait faire quelque

chose d'autre. J'en ai pleuré, c'était l'amour du frère, mais il faut toujours accepter les décisions des gens », rapporte Kylian à *L'Équipe* en septembre 2017. Jirès Kembo poursuit sa carrière au Qatar (El Jaish) puis à Dubaï (Al Nasr) avant de conclure sa trajectoire à Burarspor, en Turquie (2017-2019). « Je l'ai soutenu et le soutiens toujours », disait Mbappé en 2017. Les deux faux frères demeurent aussi proches que des vrais ; pour preuve, ils ont passé dans la même maison du Sud de la France le confinement du printemps 2020.

Reste une ultime question à élucider : oui, Jirès Kembo porte bien son prénom en hommage à Alain Giresse, l'ancien milieu de terrain de Bordeaux et de l'équipe de France !

PERSO 66

IL MANGE SAIN AU PETIT-DÉJEUNER

On ne verra jamais Kylian Mbappé s'associer avec une marque de chocolats graisseux enrobés de salmonelle. S'il mange souvent bio mais ne verse pas dans la mystique djokovienne du zéro gluten, l'attaquant a une alimentation saine et ce, dès son premier repas de la journée : un bol de lait aux céréales souvent accompagné d'une omelette au jambon. Si vous le recevez à déjeuner, contentez-le avec des pâtes à la carbonara ou du poulet grillé, et plutôt un yaourt à boire qu'une part de camembert. Ses péchés mignons : les nuggets et le sirop d'agave dans les desserts.

PARIS

Avec NEYMAR, une relation idéale

Mbappé et Neymar jouent leur premier match ensemble le 8 septembre 2017, à Metz. Chacun marque et Paris gagne 1-5. Les deux recrues les plus chères de l'histoire du foot s'apprécient d'emblée, sur le terrain et en dehors. « Neymar m'a pris sous son aile et m'a intégré, confie le cadet à *France Football* en décembre 2017. En fin de mercato, il n'arrêtait pas de m'envoyer des messages : "Tu viens quand ?" Je lui répondais : "Attends, j'arrive !" » Mbappé parle encore mal l'anglais et l'espagnol, il a 18 ans, Neymar six de plus et le Français respecte la différence de palmarès. « Il n'y avait pas de débat ; c'était lui la superstar, que j'étais venu un peu épauler », précise-t-il en décembre 2019.

La Coupe du monde 2018 marque un tournant. « Ça va peut-être surprendre, mais Neymar m'a envoyé un message après chacun de mes matches, et moi pareil pour les siens, révèle Mbappé au sortir de la compétition. Il m'a dit qu'il était content pour moi et je le crois, car c'est un bon mec. » De retour de Russie, le champion du monde a une pensée pour son partenaire : « La première chose que j'aie faite au Camp des Loges, en août 2018, c'est attraper Ney pour lui dire : "Tu as peut-être raté ta Coupe du monde, et tant mieux pour nous. Mais ici, ne t'inquiète pas, je ne marcherai pas sur tes plates-bandes. Je suis toujours là pour t'aider." » Un mois plus tard, Neymar loue Mbappé en zone mixte après un récital

contre le Bayern Munich (3-0) : « J'ai l'impression que Kylian a déjà 30 ans. Il est si mature et complet. C'est un privilège pour moi de jouer avec lui. »

Les deux stars se lancent des défis : qui marque le plus dans les cinq dernières minutes de l'échauffement se fait inviter au resto. Ils déjeunent ou dînent ensemble, mais Mbappé n'hésite pas à décliner les invites de son pote à prolonger les agapes dans la nuit. Et après qu'en juillet 2019 l'ex-Barcelonais a évoqué la « remontada » contre Paris (6-1, le 8 mars 2017) comme son meilleur souvenir sur un terrain, Mbappé lui indique avoir trouvé la déclaration maladroite. Match retour en septembre 2019, quand, après un Bordeaux-PSG (0-1) de faible tonneau, Neymar passe à Mbappé un savon que ce dernier accepte, car il se sait mauvais.

Reste le jeu. La relation Neymar-Mbappé, de 2017 à 2022, aura été l'ADN du PSG. Un régal pour Mbappé : « Avec lui, il ne faut jamais être spectateur. Même coincé, dos à toi, il saura te trouver si tu poursuis l'action. Jouer avec lui n'est pas facile, mais c'est beau et c'est bon. »

GÉNÉROSITÉ 68

C'est un bel « ENFOIRÉ »

Le 29 janvier 2019, Kylian Mbappé et Didier Deschamps, tout frais champions du monde, participent à l'enregistrement de l'émission annuelle des Enfoirés, au profit des Restos du cœur. Le joueur a demandé et reçu l'autorisation du PSG pour ce déplacement à Bordeaux, à la veille d'une journée de repos. Et il savoure : « J'ai beaucoup regardé avec ma mère. Ils m'ont appelé, j'ai donc dit oui tout de suite. C'était le rêve de ma mère de me voir avec les Enfoirés », rapporte-t-il alors dans un reportage diffusé dans *Téléfoot*, sur TF1.

Les stars abondent, mais ce sont elles, de Patrick Bruel à Mimi Mathy en passant par Kad Merad (qui lui quémande un selfie) ou Florent Pagny, qui sont surtout contentes de rencontrer le prodige des Bleus. Mbappé adore : « C'était bien, parce que voir des gens qui ont réussi dans d'autres domaines que moi m'ouvre aussi à d'autres choses. Je suis admiratif de tout ce qu'ils ont pu faire. » Didier Deschamps et lui apparaissent d'abord masqués sur scène, puis se découvrent (ovation). Ils revêtent la fameuse salopette de Coluche et chantent à tue-tête, comme le veut la cérémonie. Très décontracté sur scène, Mbappé semble aussi à l'aise sur le tournage du clip d'« On trace », la chanson de Vianney.

Rebelote trois ans plus tard à Montpellier (janvier 2022) dans une ambiance moins festive puisque covidée.

Mbappé monte en scène avec le spationaute Thomas Pesquet et la tenniswoman handisport Pauline Déroulède. Il participe au sketch footballistique « Le Coach des Enfoirés », chante « Plus haut » de France Gall et... enchante l'éternel ravi Christian Jeanpierre, pour qui « Kylian est bien meilleur chanteur que ce qu'il dit. On sent que, chez les Mbappé, on a vécu en musique ».

IL EST TRÈS DISCRET SUR SA VIE PRIVÉE

Comment ça, vous ne connaissez pas Stella Maxwell ? Rien à voir avec l'ancien défenseur du PSG (2012-2012). Stella Maxwell est un mannequin britannique de 32 ans avec qui Kylian Mbappé est apparu en soirée lors du Festival de Cannes, fin mai 2022. Et même que, sur une photo, on les voit se faire un bisou sur la joue ! « Flirt ou simple amitié ? » se sont aussitôt interrogés 1478 sites Internet d'une qualité rédactionnelle assez relative. Pour la plupart, c'était là la preuve avérée que la relation du joueur avec Emma Smet battait décidément de l'aile.

Comment ça, vous ne connaissez pas Emma Smet ? Non mais franchement... Johnny Hallyday, vous voyez à peu près ? Eh bien, ce rocker belge décédé en 2017 (Jean-Philippe Smet de son vrai nom) et sa compagne Sylvie Vartan ont eu en 1966 un fils, prénommé David, qui a lui-même fait carrière dans la ritournelle en tant que David Hallyday. Son épouse Estelle Lefébure (un top-model) et lui donnent naissance en septembre 1997 à un bébé nommé Emma. Emma Smet est aujourd'hui devenue une belle jeune fille qui tente de percer comme comédienne de télévision (le feuilleton *Demain nous appartient* sur TF1) et de cinéma (la comédie *Les SEGPA*). Et même qu'elle a déjà assisté à un match au Parc des Princes assise à côté de Kylian Mbappé !

Alors, en couple ou pas ? Ni Mbappé (qui ne communique pas sur sa vie amoureuse) ni Emma Smet ne se sont jamais exprimés sur la nature de leur relation. Mais pour que vous ne passiez pas à la page suivante de cet ouvrage sur un irritant sentiment de frustration, nous sommes en mesure de vous confirmer le fait suivant, au terme d'une enquête électronique qui aura duré au moins dix-sept secondes : fin avril 2022, ils sont allés ensemble au Parc Astérix.

JEU
70

MAINTENANT, IL AIME AUSSI PASSER

« Les buts, c'est bien pour les enfants qui ne retiennent que ça », clamait Kylian Mbappé en décembre 2019 dans une interview, comme toujours, à *France Football*. Question de l'hebdomadaire : « Entre deux passes décisives ou un but, tu prends quoi ? ». Réponse : « Ce qui va nous faire gagner. Je prends sans hésiter les deux passes. » Une belle déclaration de principe… mais le pensait-il alors honnêtement ? Le 15 mai 2022, le Parisien, sacré pour la troisième fois meilleur joueur de la saison aux Trophées UNFP, évoque une mutation plus récente : « J'ai complètement changé ma manière de voir le jeu. Je n'avais pas cette conviction qu'être un passeur, c'était possible. J'étais un peu entêté à marquer des buts. Quand on veut être un joueur qui s'inscrit dans l'histoire, il ne faut pas choisir. »

Kylian Mbappé, cette fois-ci, a des chiffres pour étayer ses propos : au terme de la saison 2021-2022, il a terminé à la fois meilleur buteur et meilleur passeur du championnat de France, avec 28 réalisations et 17 offrandes suivies de but. Un exploit inédit en Ligue 1 et rare à l'étranger, qui place Mbappé auprès de Messi (meilleur buteur et passeur de Liga avec Barcelone en 2017-2018, 2018-2019 et 2019-2020), pour ne donner qu'un seul exemple. Lors de ses quatre premières saisons à Paris, l'attaquant avait toujours plafonné à sept passes décisives en Ligue 1.

Preuve enfin qu'il regarde dans toutes les directions à l'approche du but et plus seulement vers son nombril, ses 17 offrandes de la saison passée ont servi sept joueurs différents : Neymar à cinq reprises, devant Lionel Messi (4), Danilo Pereira (3), Mauro Icardi (2), Achraf Hakimi, Georginio Wijnaldum et Pablo Sarabia (1).

Aime
à

Il apprend aux enfants
la bonne orthographe

Sous l'impulsion de Lucille Caillet, institutrice à Garges-lès-Gonesse (Val-d'Oise), la « règle de Mbappé » est enseignée depuis 2018 dans de nombreux collèges et écoles de notre pays. Professeur en REP+, ou Réseau d'éducation prioritaire, la maîtresse de CM1 a un jour inscrit au tableau la formule suivante : « J'écris **M** au lieu de **N** devant **M**, **B** et **P** : Mbappé. » Fière de sa trouvaille, elle l'a prise en photo et partagée sur Facebook. Le succès a d'abord été viral, avant une incroyable reconnaissance officielle : l'Académie française cite aujourd'hui la règle sur son propre site Internet.

Ce lien intime de Kylian Mbappé avec la juste orthographe ne saute toutefois pas aux yeux de qui suit le joueur sur ses réseaux sociaux. Mettons qu'il y commet un certain nombre de fautes dans la surface du smartphone. Mais n'est-ce pas la preuve touchante que ce sincère jeune homme rédige lui-même ses messages ?

AU DÉPART, IL N'AVAIT PAS UN PHYSIQUE DE MUTANT

« Un joueur lambda » : tel est le souvenir que garde Frédéric Aubert, responsable de la préparation physique des équipes de France, du jeune Kylian Mbappé à l'époque de sa préformation à l'INF Clairefontaine. À 13 ans, le gamin mesure 1,47 m et pèse 39 kilos. Sa puissance pulmonaire est bonne, sans être exceptionnelle, avec une VMA (vitesse maximale aérobie) entre 17 et 19. Son endurance, durant ses premières années chez les pros, n'a rien de celle d'un coureur de fond : Mbappé ne parcourt jamais plus de huit kilomètres par match.

Ce qu'il possède en revanche de manière innée, c'est sa qualité de course et une faculté que les entraîneurs d'athlétisme nomment les « appuis insonores ». Dans ses contacts avec le sol, Mbappé parvient à mettre beaucoup de force en un temps hyper court, d'où l'impression qu'il ne touche pas le sol. À Clairefontaine puis à Monaco, ses préparateurs physiques vont avoir la sagesse de préserver cette capacité sans abuser des exercices musculaires en salle. De toute façon, Mbappé n'en raffole pas. C'est une machine de guerre à l'entraînement… à condition qu'on lui propose un exercice avec ballon. Mbappé s'est donc musclé en jouant : il a pris une taille de vêtements entre la fin de sa période monégasque et sa deuxième saison au PSG. Son corps s'est construit par la course et pour le ballon. Et s'il n'aura jamais la caisse inépuisable d'un N'Golo Kanté, il est capable d'enchaîner une quinzaine de sprints par match à plus de 25 km/h.

Il est RICHE

Quelle prime à la signature Kylian Mbappé a-t-il perçue pour prolonger au PSG ? Quel est son nouveau salaire ? « 100 millions d'euros et 50 millions par an », a avancé sans certitude *Le Parisien*. On connaît en revanche le montant qui figurait chaque mois sur sa fiche de paie à l'expiration de son précédent contrat : un peu plus de 2,2 millions d'euros bruts chaque mois. Selon une étude publiée par le magazine *Forbes* en septembre 2021, Kylian Mbappé était déjà l'an passé le quatrième sportif le mieux payé de la planète (après Cristiano Ronaldo, Lionel Messi et Neymar), avec des revenus annuels estimés à 41 millions d'euros (26 M€ pour le seul secteur sportif, 15 M€ pour ses contrats d'image et de sponsoring).
L'argent a très tôt coulé à flots : en 2013, son contrat d'aspirant à Monaco ne lui rapporte en année une que 700 € par mois (à 14 ans), mais une prime de 400 000 € est versée aux Mbappé. Avec le premier contrat pro, paraphé le 16 mars 2016, le cadeau de bienvenue s'élève à 3 M€, pour un salaire initial de 85 000 € mensuels, porté à 100 000 € au mois d'août. Un an plus tard, le prêt de Kylian Mbappé (18 ans) au PSG verse ses revenus dans l'exponentiel : son salaire de base (hors primes) est multiplié par treize et assorti d'une gratification pour son installation dans la capitale de 11 M€. La grille d'évolution est déjà fixée : on passera de 1,31 M€ mensuels en année une à 1,48 M€ en année deux, puis 1,62 M€ en année trois, etc.

À chaque fois, les Mbappé ne rémunèrent pas d'agent, puisqu'ils négocient en direct avec le club, en s'appuyant simplement sur les services d'une avocate, Delphine Verheyden, et de son cabinet. Attention : tous les chiffres énumérés ci-dessus sont exprimés en valeur brute. Les montants nets sont mécaniquement inférieurs. Par le biais des cotisations vertigineuses qu'il paie et fait payer à son employeur, le salaire de Mbappé finance la Sécurité sociale, l'assurance vieillesse et le chômage à des hauteurs considérables. Trop payés, les footballeurs ? Certes, mais ces camarades travailleurs participent bien davantage au partage des richesses que les actionnaires, dont les dividendes ne sont de loin pas soumis à la même assiette de contribution.

Que fait Mbappé de sa fortune ? Son train de vie est élevé, mais reste loin des dépenses somptuaires d'un Neymar. L'appartement qu'il loue dans le seizième arrondissement s'étend sur 600 m², répartis sur deux étages, et complétés par une terrasse sur le toit avec vue sur la Tour Eiffel.

PERSO 74

Il s'intéresse peu À L'ARGENT

Le 23 mai 2022, Kylian Mbappé est l'invité du 20 heures de TF1, deux jours après sa prolongation au PSG. Le journaliste Gilles Bouleau le taquine : entre « pont d'or », « grosse tête » et « bling-bling », comment garder les pieds sur terre ? « On fait partie d'un monde où il y a des sommes astronomiques, mais on reste des êtres humains, réplique Mbappé. Quand je rentre chez moi, je ne pense pas au salaire du lendemain. Je pense juste à profiter d'une vie simple avec ma famille et mes amis. »

Une déclaration bien ficelée mais honnête, qui rejoint des propos tenus lors de son arrivée à Paris, en 2017. « Plus tard, je ne pourrai même pas raconter mes bêtises d'ado car je n'ai pas eu le temps d'en faire, s'épanchait-il dans *France Football*. Avec la célébrité, vous avez tout, mais vous ne pouvez rien en faire. Il est dur de faire admettre que l'on gagne beaucoup d'argent mais qu'on peut aussi vouloir continuer à s'amuser. »

Pourquoi, à la différence de tant de naufragés du foot pro, n'a-t-il jamais succombé à l'argent facile ? Parce que, pendant trois années, ses parents n'ont rien dépensé ! « On avait le syndrome du pauvre, a rapporté Fayza Lamari au *Parisien*, en octobre 2021. J'avais peur qu'on me réveille et qu'on me dise : "Rends l'argent !" » Dans *Paris Match*, en décembre 2021, elle ajoute quelques détails croustillants : « Longtemps, pour que Kylian grandisse comme un enfant lambda, on lui a caché qu'il gagnait beaucoup d'argent. À 17 ans, quand il est passé pro, on ne lui donnait que 200 euros d'argent de poche par mois quand son salaire s'élevait à 85 000. On en rit, mais Kylian ne sait rien de la plupart des choses banales de nos vies ordinaires. Il n'avait, par exemple, jamais retiré d'argent avec une Carte Bleue avant d'avoir la sienne en 2020. »

STATISTIQUES 75

13 MINUTES DANS L'HYPERESPACE

Le 7 octobre 2018, Kylian Mbappé a passé treize minutes dans l'hyperespace sans quitter le Parc des Princes. Ce soir-là, le PSG de Thomas Tuchel atomise l'OL (5-0) de Bruno Génésio sur quatre buts de Mbappé et un penalty initial de Neymar (1-0, 9ᵉ), consécutif à une faute de Lopes sur Mbappé. Le quadruplé du Parisien est réalisé entre la 61ᵉ et la 74ᵉ minute, treize minutes irréelles où tous les ballons convergent vers lui et où il ne rate pas un geste, alors qu'il avait tiré sur le poteau en début de deuxième mi-temps. Premier but : il récupère une balle mal dégagée à l'entrée de la surface, frappe du gauche et bat Lopes d'un... double poteau rentrant (2-0, 61ᵉ). Deuxième but : tacle du droit dans les six-mètres sur centre de Marquinhos (3-0, 66ᵉ). Troisième but : passe de Neymar sur contre-attaque et tir du droit dans la lucarne (4-0, 69ᵉ). Quatrième but : il hérite du ballon au point de penalty et frappe du droit (5-0, 74ᵉ). Dans toute l'histoire du championnat de France, jamais un joueur n'avait marqué quatre fois en aussi peu de temps. Par cet exploit, Mbappé devient aussi le plus jeune auteur d'un quadruplé dans l'élite.

À la fin du match, il pose torse nu avec Marquinhos et le ballon devant l'objectif de... Neymar, qui a emprunté son appareil à un photographe de presse pour tenter de garder une trace du passage de l'ovni.

61'
74'

STATISTIQUES 76

COMME JUST FONTAINE EN 1958

Depuis le PSG-Lyon du 7 octobre 2018 (5-0), Kylian Mbappé a réalisé un deuxième quadruplé, toujours au Parc des Princes, mais avec la France, le 13 novembre 2021 contre le Kazakhstan (8-0), en qualifications pour la Coupe du monde 2022. Il ouvre le score d'une volée instantanée du plat du pied droit sur un centre de Théo Hernandez (6e), l'amplifie en contre d'une reprise du droit sur un centre de Coman (2-0, 12e), place une tête décroisée sur un nouveau centre du Munichois pour le triplé (3-0, 32e), le premier de sa carrière sous le maillot bleu.

En deuxième mi-temps, Mbappé renonce d'abord à un quadruplé en laissant Griezmann convertir un penalty (7-0, 84e), mais y parvient du droit, trois minutes plus tard, sur une jolie passe de Diaby (8-0). Si l'on compile les statistiques des deux quadruplés de Mbappé, on note une particularité : il a marqué sept de ses huit buts face à la tribune Boulogne du Parc des Princes.

De quand datait le précédent quadruplé d'un Tricolore ? Du 28 juin 1958 et du match de la France pour la troisième place de la Coupe du monde en Suède, contre la RFA (victoire 6-3). Ce jour-là, Just Fontaine aurait pu lui aussi inscrire un quintuplé, puisque Raymond Kopa avait marqué sur penalty (2-1, 27e). À propos de 1958 (et alors que se profile la Coupe du monde au Qatar), il existe un autre record, un peu célèbre dans l'histoire du football, que détient Just Fontaine depuis cet été-là. Mais on dit ça, on ne dit rien…

FFF
Orange
13 NOVEMBRE 2021
10

PERSO
77

IL NAGE MAL mais skie BIEN

Quand il était petit, ses parents ont bien tenté d'inscrire l'intenable bambin à la natation pour l'épuiser, mais en vain. Mbappé et l'eau ont toujours fait deux. Dans *Mbappé le phénomène*, la biographie qu'il lui a consacrée en 2019, le journaliste de *L'Équipe* Arnaud Hermant révèle les difficultés de Kylian à obtenir son diplôme de sauvetage alors que, pensionnaire de l'INF Clairefontaine, il était collégien à Rambouillet : il a fallu passer par un rattrapage et, même là, « on le lui a donné », s'amuse dans le livre l'un de ses anciens enseignants.

Mbappé se montre en revanche très l'aise avec l'H2O sous forme cristallisée. « Ce qui me manque le plus, c'est de skier, rapportait-il à *Aujourd'hui en France*, le 20 décembre 2018, jour de ses vingt ans. J'ai commencé à deux ou trois ans et j'en ai fait jusqu'à mes quinze ans. On est allés en famille dans plusieurs stations comme Tignes, La Plagne ou Avoriaz. À la fin de ma carrière, je vais louer une piste pour moi tout seul ! Ou plutôt pour moi, mes potes et ma famille. » Car, depuis qu'il est passé pro, ses contrats interdisent formellement à Kylian Mbappé de dévaler les pistes, afin d'éviter les blessures. Sa deuxième étoile, il ne l'arbore que sur le maillot de l'équipe de France.

JEU 78

IL NE PLEURE PAS QUAND IL PERD

Le pire, c'est ce moment d'attente, avant la cérémonie protocolaire. Des techniciens assemblent le podium, sur la pelouse de l'Estadio da Luz de Lisbonne. Assis par terre ou sur le banc, il n'y a rien d'autre à faire que de ressasser les occasions qui ne se représenteront plus, ce 23 août 2020. Le sentiment d'échec serre la gorge et mouille les yeux. On les voit tous au supplice, les Parisiens : ce gros dur de Paredes, le tendre Neymar, le divin Di Maria pleurent à n'en plus finir le titre de champion d'Europe raté de si peu contre le Bayern Munich (0-1). Mais pas Kylian Mbappé. Lui, c'est le regard vide qu'il anticipe la montée amère sur l'estrade, pour la réception de l'inutile breloque. Pas une goutte au coin au coin de ses paupières.

C'est toujours comme ça, avec lui. Quand il perd, Mbappé ne pleure pas. Pas de larmes non plus, en avril 2019, quand il est exclu de la finale de la Coupe de France contre Rennes (2-2 a.p.), juste avant les tirs au but (défaite 5-6), non plus qu'après le huitième de finale de l'Euro égaré contre la Suisse (3-3 a.p., 4-5 t.a.b.), alors que c'est lui le fautif. Contre le Real Madrid, le 9 mars 2022 ? Toujours pas. Au coup de sifflet qui sanctionne l'horrible déroute (3-1), il redresse Marco Verratti, tombé au sol, puis file sans un mot aux vestiaires.

« Ça fait longtemps que je n'ai pas pleuré. Depuis que je suis pro, ça ne m'est plus jamais arrivé », disait-il dans une interview de décembre 2018. On a aperçu pourtant, un jour, des larmes dans ses yeux : en finale de la Coupe de France 2020 contre Saint-Étienne, après des mois sans jouer, quand Perrin le sort du terrain après 26 minutes et menace sa participation au tournoi final de la Ligue des champions. Là, en cet instant, Mbappé craque. Trop injuste. Mais la victoire (1-0) lui rend vite le sourire : il sautille sur ses béquilles, radieux, pour rejoindre ses coéquipiers sur le podium et brandir le trophée avec eux. « Réveil en tant que vainqueur, pas de meilleure sensation possible », tweete-t-il le lendemain. A plus mal. Fini, le bobo. Mbappé pense déjà à rejouer… Pourquoi pleurer ?

AURA
79

Il fait **des petits**

Il n'a jamais reconnu le moindre enfant, mais Kylian Mbappé peut se targuer d'avoir transmis son (pré)nom à des centaines de petits garçons depuis six ans. On s'explique : en 2016, lorsque décolle la carrière du joueur, le prénom Kylian, dans cette graphie précise, est donné en France à 792 enfants. Les bébés Kylian, avouons-le, subissent un déclin constant depuis 2007. Mais voilà qu'en 2017, alors que le nôtre, de Kylian, multiple les buts pour Monaco puis Paris, les actes de naissance s'empilent aussi : 932 Kylian naissent tout soudain, puis 1213 en 2018, année du titre mondial. Les Kylian se hissent alors à une inédite 57e place des prénoms masculins les plus donnés par les Français, juste devant les pourtant toujours courus Thomas. En 2019, les Kylian restent à des hauteurs mbappéesques (941), avant de replonger logiquement en 2020 (661), année noire pour le football (coronavirus).

Mais la tendance se diffuse maintenant à l'étranger : le 1er janvier 2022 est né en Copiapo, dans le nord du Chili, un petit Griezmann-Mbappé Chambi-Pacaje. Son père étant fan de l'un et sa mère de l'autre attaquant français, le couple est parvenu à une solution aussi consensuelle que bien pratique. « Griezmann-Mbappé, lâche ce ballon et viens dîner ! »

PERSO 80

C'EST UN FÉROCE RÉPUBLICAIN

« Avoir 18 ans, ça change quoi ? » lui demande *Le Parisien*, le 6 janvier 2017. « Je suis désormais responsable de mes actes et je peux m'inscrire sur les listes électorales pour aller voter lors de l'élection présidentielle », répond aussi sec Kylian Mbappé. Le gamin a été élevé dans l'idéal républicain. Dès l'âge de quatre ans, il chante *La Marseillaise*, la main sur le cœur. Avant chaque match de l'équipe de France, il le fait encore avec émotion, sans jamais simuler un vague mouvement de lèvres.

Comme pour d'autres jeunes de sa génération, son engagement passe aussi par des prises de position en ligne. En mai 2020, il demande justice pour George Floyd, l'automobiliste noir tué par un policier à Minneapolis, aux États-Unis. « Police with us, not against us » (« la police avec nous, pas contre nous »), tweete-t-il alors, en postant un dessin représentant une foule multicolore se donnant la main. En novembre 2020, il réagit avec émotion au meurtre de Samuel Paty : « À l'école comme sur le terrain, soyons unis. » En novembre 2021, après le passage à tabac du producteur de musique Michel Zecler par trois policiers parisiens, Mbappé s'insurge sur Instagram. Il dénonce les « violences inadmissibles » de cette « vidéo insoutenable » et reprend les paroles d'une chanson de Diam's : « Ma France à moi, elle a des valeurs, des principes et des codes. »

Lorsque un adolescent de Bondy âgé 15 ans, Aymen, est tué par balles dans une rixe en février 2021, Mbappé intervient de nouveau sur Twitter, car c'est sa ville et c'est un enfant : « Aymen, il n'y a pas d'au-revoir pour nous. Peu importe où tu es, tu seras toujours dans le cœur des Bondynois. » Pour les jeunes en difficulté, le joueur sait que la solution ne passe que par l'éducation. Outre de nombreuses actions de charité, le grand projet qu'il conduit avec sa mère, c'est la création d'un collège-lycée privé à son nom en Seine-Saint-Denis. « On y travaille depuis un an, on doit maintenant aller chercher les fonds, expliquait Fayza Lamari au *Parisien*, le 7 octobre 2021. Kylian ne peut pas changer le monde, mais ceux qui l'aiment voudront le suivre. »

LIBERTÉ.
ÉGALITÉ.
MBAPPÉ

IL A EU RAISON DE RESTER EN LIGUE 1

Ses cinq titres de champion (2017, 2018, 2019, 2020, 2022), ses trois Coupes de France (2018, 2020, 2021) et sa Coupe de la Ligue (2018) ont fière allure pour un joueur de 23 ans, mais ne masquent pas une autre statistique : au terme de la saison 2021-2022, Kylian Mbappé ne figurait qu'au 30e rang du classement général des buteurs de l'élite depuis 1932. Ses 135 réalisations le situaient à la même place que l'ancien Stéphanois Salif Keïta, un joueur d'exception, mais derrière des goleadors plus oubliés tels que l'Angevin Stéphane Bruey (26e, 139 buts), le Monégasque Yvon Douis (24e, 140 buts) le Nîmois Jacky Vergnes (18e, 153 buts) ou le Lyonnais André Guy (15e, 159 buts).

En prolongeant au PSG jusqu'en 2025, Mbappé s'est donné la possibilité de les dépasser, mais aussi de conquérir un cinquième titre de meilleur buteur du championnat après 2019 (33 buts), 2020 (18 buts), 2021 (27 buts) et 2022 (28 buts). Avec son quatrième sacre, il s'est élevé au-dessus des statues monumentales de Thadée Cisowski (1956, 1957, 1959), Josip Skoblar (1971, 1972, 1973), Sonny Anderson (1996, 2000, 2001) et Zlatan Ibrahimovic (2013, 2014, 2016). Une cinquième couronne et le Parisien rejoindrait les « trois ténors », Carlos Bianchi (1974, 1976, 1977, 1978, 1979), Delio Onnis (1975, 1980, 1981, 1982, 1984) et Jean-Pierre Papin (1988-1992). Après Bianchi et Papin, Mbappé n'est d'ailleurs que le troisième joueur à terminer quatre saisons de rang meilleur buteur.

30
ACCOR LIVE LIMITLESS
7

Messi pourra dire qu'il a joué avec lui

« MOI, JE SUIS D'ACCORD POUR COURIR QUAND MESSI MARCHE, PAS DE PROBLÈME ! »

Les hivers, à Rosario, en Argentine, sont frisquets, et ce mois de juillet 2062 n'échappe pas à la règle. Dans sa vaste demeure, un vieil homme trapu tisonne le feu de sa cheminée. Ce soir, ses cinq petits-enfants sont là. Un grand bonheur. Il les a réunis dans le salon. Ça piaille, ça glousse, ça rit. Les deux garçons plus âgés se racontent le match de l'après-midi à la télé, les deux filles se passent au pied une pelote de laine et le petit dernier se met les doigts dans le nez. C'est lui, Tadeo, qui ose la question rituelle : « Abuelito (papy), dis, c'est vrai que tu as joué avec lui ? Il était comment ? Tu nous racontes ? » Le silence aussitôt se fait. La lueur de l'âtre se répand sur les sept globes dorés posés sur le buffet, éclaire en retour d'un bel éclat ocre la prunelle marron foncé du grand-père. « C'était en août 2021, commence-t-il en souriant. J'arrivais de Barcelone et je les ai découverts tous les deux : la Tour Eiffel, qui était si haute, et Kylian Mbappé, qui était si jeune… »
Les souvenirs affluent dans la mémoire de Lionel Messi : la première rencontre, les premiers entraînements… Mbappé, à l'époque, voulait partir pour le Real Madrid. Lorsque lui, Messi, avait été présenté au public du Parc des Princes, le 14 août, des milliers de supporters avaient conspué le jeune prince, qui n'en avait cure. « Moi, j'étais un peu timide, vous me connaissez, reprend l'aïeul. Alors Kylian a fait le premier pas. En espagnol, il m'a dit son bonheur de me rencontrer. Il m'a demandé un maillot, aussi… Mais je ne jouais pas très bien et tirais sur les poteaux. C'est lui qui nous gagnait tous les matches. Il volait, tirait, marquait. En octobre, il a parlé de moi à *L'Équipe*, un grand journal français de l'époque. "Je savoure chaque instant à côté de lui", avait-il dit. Et puis cette phrase, encore : "Moi, je suis d'accord pour courir quand Messi marche, pas de problème !" C'était un compliment, mais une petit pique, aussi. »
Le vieux monsieur barbu se remémore les passes et les buts, les fous-rires et les peines… Et puis cette soirée magique, en l'honneur de Mbappé, pour le dernier match de la saison 2021-2022. « Kylian avait annoncé à la foule qu'il restait et marqué trois buts. On avait brandi le trophée, tiré un immense feu d'artifice. Je m'étais assis par terre, sur un coin de pelouse. Je regardais et profitais. Je me savais le témoin d'un grand, d'un grandiose début. »
Tadeo soupire, émerveillé : « Tu as eu tellement de chance, mon papy adoré… »

PERSO
83

Il est pote avec MACRON

« Ça va ? – Ça a craqué, un peu, quand même. – C'est cassé ? – Non, j'crois pas. – Tu vas à l'hôpital, après ? – Ouais, ouais, juste après. » L'homme qui pose ces questions, le 24 juillet 2020, préside la République française. Celui qui lui répond est footballeur et s'est blessé en finale de la Coupe contre Saint-Étienne (1-0). Grâce à Emmanuel Macron et aux micros de France 2, les Français, en direct depuis le podium du Stade de France, bénéficient d'un bulletin de santé exclusif sur la cheville de Mbappé. Ils découvrent aussi la franchise des rapports entre les deux personnages. Dix mois plus tard, au même endroit, le président Macron se fait présenter les équipes, avant la finale de la Coupe 2021 entre Paris et Monaco (2-0). « Félicitations pour ta sélection », lance-t-il à Mbappé, car Didier Deschamps vient d'officialiser la liste pour l'Euro. « Il y a un match aujourd'hui, mais on va arriver à la sélection après », le recadre Mbappé en souriant.

Ces échanges, c'est la partie visible de leur relation. Elle débute le 21 février 2018, à l'Élysée, lorsque le président reçoit à déjeuner George Weah, président du Libéria et ancienne star du PSG. Didier Drogba, le président de la FFF Noël Le Graët et un Mbappé de 19 ans figurent parmi les invités. La maturité, la modestie et la justesse du gamin épatent le maître des lieux. Nouvelle rencontre à Clairefontaine, le 5 juin, avant le départ pour la Coupe du monde 2018. En Russie, après la

finale contre la Croatie (4-2), c'est un Emmanuel Macron câlin qui remet le trophée du meilleur jeune à Mbappé puis, dans les vestiaires, lui suggère de jouer un jour pour l'OM !
Avant l'Euro 2021, le président signe carrément un texte dans *L'Équipe* sur son protégé. « Pour la vaccination, contre la violence, en communion avec les émotions du pays : Kylian Mbappé a une conscience rare de son rôle, du poids de ses mots, de la force de ses actes », y lit-on. Un appel en direct du président à Mbappé, lors d'une émission avec les YouTubeurs McFly et Carlito, fleure bon le marketing, mais d'autres messages de félicitations seront plus discrets et sincères.
Le 23 mai 2022 enfin, quand Mbappé évoque devant la presse sa prolongation à Paris, il annonce en avoir parlé auparavant avec le président. « Je l'ai prévenu de mon choix. Il m'a dit qu'il était content et que c'était une bonne nouvelle pour le pays. » Avant de tempérer : « J'ai beaucoup de respect pour lui, mais je ne prends pas ma décision parce qu'il me dit de rester. C'était un paramètre parmi d'autres. »

« LA MATURITÉ, LA MODESTIE ET LA JUSTESSE DU GAMIN ÉPATENT LE MAÎTRE DE L'ÉLYSÉE. »

GÉNÉROSITÉ 84

IL ŒUVRE POUR LA RÉINSERTION **DES DÉLINQUANTS**

Le 3 juin 2022, le site Actu 78 révèle que Karim Benzema a renoncé à son appel dans l'affaire dite « de la sextape ». Le jugement prononcé le 24 novembre 2021 par le tribunal correctionnel de Versailles est donc définitif : l'ancien Lyonnais est condamné à un an de prison avec sursis et 75 000 euros d'amende pour « complicité de tentative de chantage » à l'encontre de son ancien coéquipier en équipe de France Mathieu Valbuena. Par définition, ce désistement fait de Karim Benzema un délinquant, puisqu'il a été reconnu coupable d'un délit.

Pas facile d'imaginer la réaction de Kylian Mbappé, jeune homme modèle que l'on soupçonnerait volontiers de toujours attendre que le petit bonhomme soit vert avant de traverser. Il le sait, tout n'a pas été facile pour Karim, qui n'a pas forcément reçu la meilleure éducation, qui n'a pas su couper avec ses mauvaises relations. « Je ne le connaissais pas. C'est un bon gars, un mec tranquille », avait-il considéré, un an plus tôt, lorsque Didier Deschamps avait rappelé le banni Benzema en sélection avant l'Euro. Mbappé n'est pas du genre à accabler de reproches un camarade que la vie a déjà puni, puisque le malheureux n'a jamais été champion du monde. Les aléas de l'existence n'ont-ils pas contraint Benzema à un long exil à Madrid, dans un club où lui-même, Kylian, a trois fois refusé de mettre les pieds ?

Alors, ce 3 juin 2022, Kylian Mbappé décide d'agir. La France reçoit le Danemark au Stade de France, en Ligue des Nations. Dès la quinzième minute, alors qu'il pourrait tirer, il donne la balle à gauche au Madrilène, qui perce dans l'axe. Tir du droit et… but ? Non, car il y a hors-jeu. Benzema ne remercie pas son partenaire, mais Mbappé s'en moque. Son geste était pur et désintéressé comme une main tendue.

BENZEM

CARRIÈRE 85

IL BOITAIT BAS en Russie

Le déluge qui se déverse sur le stade Loujniki de Moscou efface tout, ce 15 juillet 2018 : vingt-trois joueurs pataugent dans le bonheur, après leur victoire contre la Croatie (4-2), sans trop se rappeler par quel cumul de bizarreries et souffrances entremêlées ils viennent de gagner la Coupe du monde. Kylian Mbappé, par exemple, a joué blessé, sans le dire, cette finale et le match contre la Belgique (1-0) qui a précédé.

Deux jours avant la demie, au moment de se lever pour prendre sa douche, il effectue un faux mouvement, entend un claquement dans son dos et se retrouve terrassé au lit. La douleur est intense. « Tu as trois vertèbres bloquées », diagnostique le médecin de l'équipe de France. Mais Mbappé refuse l'idée même d'un forfait. « L'objectif, c'est de gagner », a-t-il osé annoncer trente-sept jours avant le début du tournoi et ce n'est pas le moment de se défiler. La veille du match, à Saint-Pétersbourg, il se rend au stade Krestovski, mais ne s'entraîne pas avec ses partenaires. Les médias s'affolent. « Il est juste ménagé pour une petite douleur au dos », communique le staff, qui ne souhaite pas donner d'informations aux Belges et à leurs rugueux défenseurs.

En fait, le numéro 10 des Bleus ne peut pas marcher sans boiter bas. Mais il a serré les dents en arrivant au stade, sur quelques mètres, pour faire illusion ! Face aux Diables rouges, après des heures de manipulation par l'ostéopathe des Bleus, Jean-Yves Vandewalle, qui lui a débloqué les vertèbres une par une, il demande la balle à Pavard six secondes après le coup de sifflet initial de l'arbitre, dribble Vertonghen et déborde Mousa Dembélé… Il joue tout le match, et l'intégralité de la finale aussi, agrémentée du but du 4-1 (65ᵉ) sur un tir de loin. « Grâce à Jean-Yves Vandewalle, j'ai pu retrouver 70 % de mes moyens, dira-t-il à son retour. Faut pas croire qu'une Coupe du monde se gagne facilement. Il faut savoir serrer les dents… et ruser. »

PERSO 86

IL ÉTAIT EN CM2 AVEC

IKONÉ

Quelle est la probabilité pour que deux élèves d'une même classe deviennent tous deux internationaux sous le maillot bleu ? Incroyablement faible, mais Kylian Mbappé et Jonathan Ikoné ont bien fréquenté la même CM2 à l'école Olympe-de-Gouges de Bondy, en 2008-2009, dans la classe de M. Da Silva. Les deux gamins se connaissaient, puisqu'avant de rejoindre Olympe-de-Gouges en fin de primaire Jonathan Ikoné jouait déjà à l'AS Bondy avec Kylian, sous les ordres de Wilfrid Mbappé.

À quoi ressemblent leurs journées sur les bancs? Ils ne pensent et ne parlent que foot ! Comme ils sont trop forts, « les profs ne voulaient jamais qu'on soit dans la même équipe, alors on faisait chacun la sienne et on jouait quand même », a raconté Ikoné à *Libération*. Après la cantine, le futur champion du monde 2018 et le futur champion de France 2021 (avec Lille) sont rejoints par un petit CP pas mauvais non plus : William Saliba, futur joueur de l'OM... La CM2 d'Olympe-de-Gouges, peut-être la plus forte de l'histoire du foot, remporte bien sûr le tournoi des écoles de Bondy cette année-là.

Curieusement, Mbappé et Ikoné n'ont plus rejoué ensemble depuis 2010 et le départ du second de l'AS Bondy pour les équipes de jeunes du PSG. Lorsque Kylian y arrive à son tour en 2017, Jonathan, un attaquant lui aussi, est prêté pour la saison à Montpellier.
Lorsque Ikoné débute en bleu, le 7 septembre 2019 (France-Albanie, 4-1), Mbappé est blessé. Le moins célèbre des deux Bondynois entre à la 77e minute, marque à la 85e et reçoit un message de félicitations de son vieux camarade dès son arrivée aux vestiaires. « On se parle en dehors des terrains de foot et on passe de bons moments ensemble », assure en décembre 2019 Ikoné, qui se dit impatient « des premiers échanges de balle qu'on se fera en bleu ».
Mais Mbappé n'aura jamais été apte lors des quatre sélections d'Ikoné à l'automne 2019, et le Lillois (qui a signé à la Fiorentina en janvier 2022) est resté sur le banc la seule fois où leurs noms ont figuré ensemble sur la feuille de match, lors de Suède-France (0-1), le 5 septembre 2020.

AURA 87

Il ne veut pas **JOUER LES POTICHES**

Le 22 mars 2022 à Clairefontaine, trois jours avant un match contre la Côte d'Ivoire, Kylian Mbappé zappe les opérations marketing organisées avec les sponsors des Bleus. Malgré un appel de Noël Le Graët, le président de la Fédération, le joueur reste cloîtré dans sa chambre. Quel est le problème ? Il n'est pas financier. Chaque international français reçoit 25 000 € par match pour participer à ces rendez-vous, mais Mbappé reverse intégralement la somme à des associations. Le différend porte sur deux points : d'abord, Mbappé est bien plus souvent sollicité par les marques partenaires que, mettons, le Lensois Jonathan Clauss ; ensuite et surtout, il n'apprécie pas certains des sponsors, non pas EDF, Orange, Volkswagen ou le Crédit agricole, mais le site de paris sportifs BetClic, la chaîne de restauration KFC ou Coca-Cola. À la manière de Cristiano Ronaldo qui, pendant l'Euro, en juin 2021, avait refusé de conférencer devant deux bouteilles de brun soda, Mbappé associe ces marques à la malbouffe et estime que les paris en ligne font les poches des jeunes de banlieue.

Or, avant son premier match en sélection, en mars 2017 (Luxembourg-France, 1-3), le joueur de 18 ans avait signé la convention de vingt-six pages par laquelle les Bleus s'engagent à honorer les partenaires et acceptent que leur image soit utilisée à titre collectif. Son avocate, Delphine Verheyden, demande donc une renégociation de la convention. Mais elle est collective... Pourquoi le buteur bénéficierait-il d'un accord différent de celui de Mattéo Guendouzi ? « Le football n'est pas un sport individuel », tance Noël Le Graët dans *L'Équipe*, le 8 mai. Il rappelle aussi que, grâce aux sponsors, 87 millions d'euros sont reversés chaque année au football amateur.

La tension s'aplanit néanmoins durant le printemps. « Il y a eu ce petit quiproquo en sélection, mais que l'on va régler très vite, promet Mbappé, le 23 mai, lors d'une conférence de presse avec le PSG. Je ne demande pas grand-chose. C'est juste que j'ai envie de gérer ma carrière comme je l'entends, comme cela me correspond, avec les valeurs que je veux prôner. » Il a depuis été acté que la convention serait renégociée tous les quatre ans. Le 1er juin, enfin, Noël Le Graët a reçu Hugo Lloris, Raphaël Varane, Antoine Griezmann, N'Golo Kanté et Kylian Mbappé pour aborder le dossier… Les cinq potiches préférées des partenaires considèrent désormais le droit à l'image comme un sport collectif.

PERSO
88

IL EST NUL EN GÉOGRAPHIE

Le 13 juin 2018, Kylian Mbappé est l'invité de l'émission *Au tableau !!!*, diffusée sur C8. Il répond avec décontraction aux questions d'une vingtaine d'enfants, mais il y a aussi des épreuves. Mbappé doit identifier les écussons de grandes équipes de football et les placer sur une carte de l'Europe. Anderlecht ? Aucun problème. Il reconnaît ensuite le blason du Chakhtior Donetsk, sait le club ukrainien, mais son doigt se positionne sur… l'Allemagne, avant qu'il ne repère le pays nettement plus à l'est. Pas de problème non plus pour distinguer le logo de Fenerbahçe, définir le club comme turc… Mais c'est où, la Turquie ? La main de Mbappé cherche le nom vers l'Autriche, la République tchèque, tournicote autour de l'Allemagne… Il faudra l'aide des bambins pour qu'il colle la vignette, tout en bas à droite du tableau. Les langues, l'expression orale, pas de problème. Mais la géographie…

Il a deux numéros

On ne parle pas là de téléphone mais de maillot. Kylian Mbappé porte le numéro 10 en équipe de France et le numéro 7 avec le PSG. Cette instabilité numérale n'est pas si fréquente chez les stars : Pogba a disputé ses six saisons à Manchester United avec le même numéro 6 qu'en bleu, Griezmann a passé l'essentiel de sa carrière avec un 7 dans le dos.

En équipe de France, la première année (2016-2017), Mbappé joue avec le numéro 12 parce qu'il est libre et parce qu'il fut celui de Thierry Henry. On le découvre en 20 pour une victoire contre les Pays-Bas (4-0) et un nul contre le Luxembourg (0-0) à la fin de l'été 2017, puis il revient au 12. Ses premières foulées avec le numéro 10 datent d'un triste France-Colombie (2-3), le 23 mars 2018 au Stade de France, enchaîné avec un beau 1-3 en Russie, dont deux buts du phénomène. Lacazette et Payet, qui ont souvent porté le 10, ne sont pas là. Tant pis pour eux... Bien qu'il ne soit pas meneur de jeu, Mbappé conserve le maillot mythique de Pelé, Platini et Zidane durant les matches de préparation, puis l'arbore avec fierté durant la Coupe du monde. « C'est moi qui le voulais, explique-t-il depuis Istra (Russie), le 13 juin 2018. Il était libre et... personne à l'horizon. Je l'ai pris et je joue avec. C'est un numéro historique pour les Français mais, pour moi, ça ne va rien changer. Je me vois plutôt comme un gamin qui a toujours aimé ce numéro et le porte chez les grands. »

En club, lorsque Mbappé signe au PSG un an plus tôt, le 31 août 2017, il a joué son premier match de la saison avec Monaco (victoire 3-2 contre Toulouse) sous ce même numéro 10. Mais Neymar, arrivé quelques semaines avant lui, le porte déjà. Le Bondynois passe sa première saison parisienne en 29, son numéro monégasque de 2016-2017. Pourquoi le 29 ? Parce qu'Ethan, son petit frère adoré, est né un 29 décembre. Mais il le troque la saison suivante pour le 7, laissé vacant par le départ de Lucas Moura pour Tottenham en janvier 2018. Pourquoi le 7, alors qu'il ne joue pas forcément ailier droit ? Parce que Cristiano Ronaldo.

C'est donc, au final, avec les numéros 7, 10, 12, 20 et 29 que Mbappé a gagné au Loto (voir nuance 73). On peut y ajouter le 33, qu'il arborait avec Monaco, lors de son premier but en pro, le 20 février 2016 contre Troyes (3-1).

Il a serré la main de POUTINE

Bah oui, forcément, comment voulez-vous faire autrement ? Le 15 juillet 2018, en finale de la Coupe du monde, après la victoire de la France contre la Croatie (4-2), Kylian Mbappé a serré deux fois la main de Vladimir Poutine, lors de la réception du trophée de meilleur jeune du tournoi et lors de la remise des médailles aux vainqueurs.

On retiendra plutôt son geste étonnant de la 53e minute du match, quand trois membres de Pussy Riot, le collectif féministe anti-Poutine, pénètrent sur le terrain. Alors que les joueurs croates ne sont pas loin d'agresser les intrus (deux femmes et un homme), Kylian Mbappé tape tranquillement un « high five » avec l'une des militantes, vêtue d'un uniforme.

Une fois les Bleus rentrés aux vestiaires, Vladimir Poutine, Emmanuel Macron et la présidente croate Kolinda Grabar-Kitarovic leur rendent visite dans la buée et les cris. Mais notre Kylian national – une vidéo en atteste – ne se joint pas au chœur endiablé, mené par Pogba, qui improvise une chanson, aujourd'hui un peu gênante, à la gloire du président russe (« Poutine, eh, eh, eh ! Poutine, eh, eh, eh ! »).

MBAPPE
10

PARIS
PARIS
SAINT · GERMAIN

SA MAMAN LE GRONDE ENCORE

Et c'est elle qui le dit ! Le 7 octobre 2021, Fayza Lamari, la mère de Kylian Mbappé, répond avec une éclatante franchise aux lecteurs du quotidien *Aujourd'hui en France*. Elle y révèle qu'en 2017, « entre Manchester City et la signature au PSG », elle a compensé le stress lié à la notoriété de son fils en prenant 24 kilos ou qu'elle est séparée de Wilfrid Mbappé depuis 2020. Mais Fayza Lamari livre aussi quelques anecdotes savoureuses sur ses rapports avec son fils. Comment a-t-elle réagi au chambrage de Kylian qui a fait dégoupiller le gardien Oukidja dans les dernières secondes d'un Metz-PSG hyper tendu (1-2), le 21 septembre 2021 ? « Moi la première, je lui ai dit : "Qu'est-ce que tu as fait ?" Mais c'est un joueur, un sale gosse, vous avez bien vu les captures d'écran quand il se cache derrière Neymar… Il a chambré et c'est vrai que Kylian est un chambreur. Mais il n'y a rien de méchant. » Une semaine plus tard, lors de PSG-Montpellier (2-0), après avoir été remplacé, Mbappé emploie un terme peu aimable à l'encontre de Neymar depuis le banc. « Le dernier désaccord en date, c'est ce mot « "clochard", reprend Fayza Lamari. Je lui ai dit : Tu ne peux pas dire ça ! »

Le fils ne se rebelle-t-il jamais contre la matriarche ? « Ah si, quand j'ai refusé une pub. Il m'a dit : "Tu m'as quand même fait perdre 6 millions d'euros !" Il m'a chambrée pendant longtemps : "Je suis ton patron, quand même, tu peux m'expliquer ?" »

CARRIÈRE 92

Il accepte LA CRITIQUE

« Kylian, c'est celui qui en a fait le moins : 3 %. Pourtant, la vitesse, c'est ta qualité… » Vingt ans après le mythique « Muscle ton jeu, Robert ! » de Jacquet à Pirès dans *Les Yeux dans les Bleus*, la phrase de Didier Deschamps à Mbappé dans le docu de TF1 *Les Bleus 2018 : au cœur de l'épopée russe* est promise à une certaine postérité. La France a battu l'Australie (2-1) à Kazan dans son premier match de la Coupe du monde, mais le sélectionneur n'a pas aimé. Ce que Deschamps reproche à son attaquant, c'est son peu de courses à haute intensité. « Il a fait ce qu'un coach fait quand son équipe ne fait pas ce qu'il demande », commentera sobrement le joueur. Contre l'Uruguay, en quarts de finale (2-0), Mbappé s'embrouille avec l'ancien Parisien Cristian Rodriguez et reçoit un jaune (69e). « Kylian, oh ! Arrête de faire chier ! Stoppe et c'est tout ! » hurle Deschamps. Mbappé, joueur de couloir, évolue près du banc et il s'en amusera dans *France Football*, le 24 juillet 2018 : « Avec Didier, on a été voisins pendant toute la compétition, à cinq mètres l'un de l'autre. Donc, c'est moi qui prenais. J'y ai eu droit à tous les matches. Et en débriefing aussi. Mais il sait qu'il peut taper sur moi. J'encaisse bien. J'ai compris que c'est pour mon bien et dans l'intérêt de l'équipe. »

S'il passe pour arrogant, s'il a conscience de ses talents, Kylian Mbappé accepte la critique. Au PSG, c'est avec Thomas Tuchel que la relation a été la plus électrique. Le 22 octobre 2019, le coach allemand, qui le juge hors de forme, laisse

son numéro 7 sur le banc pour un déplacement à Bruges. Mbappé remplace Choupo-Moting à la 52e minute, marque trois buts et donne une passe décisive à Icardi (0-5). « Je voulais rentrer et montrer que c'est difficile de se passer de moi », glisse-t-il. Un an plus tard, l'entraîneur pousse un coup de gueule au Camp des Loges après un nul laborieux à Bordeaux (2-2) : « J'ai vu onze individualistes. » Trois jours plus tard, pour le dernier exploit de l'ère Tuchel, à Old Trafford contre Manchester United (1-3), Mbappé ne marque pas mais se montre décisif sur deux des trois buts parisiens, dans un match tout en abnégation.

Cette capacité à se servir des critiques s'étend à celles qui proviennent des médias. Il s'en disait même « fier » dans *France Football*, en décembre 2018 : « Quand j'ai commencé à entendre "ça fait deux matches que Kylian n'a pas marqué", je me suis dit : "Ah ouais ! Ça, c'est une attente digne des grands joueurs". »

TF1 ★★★★★

« Quel joueur ! Mais est-il français ou guatémaltèque ? Si vous connaissez la réponse, perdez un euro en nous envoyant un SMS surtaxé. »

beIn Sport ★★★★★

« Ce footballeur magnifique offert par le Qatar au PSG brillera de mille feux lors de la Coupe du monde de la Fifa 2022, présent à la planète football de notre émir du Qatar bien-aimé. »

France Football ★★★★☆

« Son positionnement contre Guingamp en 9 1/2 alimenté par Draxler en faux inter excentré a rappelé le Masopust du fameux Tchécoslovaquie-Yougoslavie de la Coupe du monde 1962 (3-1). »

RMC ★★★☆☆

« Putaing, les amis, je vous le dis, ce bestiau-là, il serait pas parisieng, moi, je trouverais presque qu'il joue bieng. »

L'Équipe ★★★☆☆

« Mbappé… ritif ! »

So Foot ★★☆☆☆

« Cet esthète de la com' inclusivo-woke hashtag #jekiffe-mon-9-3-mais-j'uber-eat-à-l'elysée aurait dû signer au Real pour matcher avec les instincts postmodernes de la twittosphère. Ou l'inverse. »

Eurosport ★★☆☆☆

« Bel athlète. Même si, bizarrement, il ne pédale pas, ne sert pas à 200 à l'heure et ne joue pas au snooker. »

As ★☆☆☆☆

« ¿ Mbappé ? ¿ Quién es ? »

Canal+ ☆☆☆☆☆

« Mbappé et le PSG encore sortis de la C1 ! C'est fabuleux ! C'est merveilleux ! On vient encore de perdre deux cent mille abonnés, mais si vous saviez ce qu'on s'en fout. Quelle soirée magique ! »

PERSO
93

IL ADORE *pour de vrai* LES ENFANTS

« Notre Arthur est parti rejoindre les étoiles ce midi. Il a passé huit mois à se battre comme un super-héros et m'a appris combien les choses les plus simples de la vie sont les plus importantes. À nous de continuer, tous ensemble à te faire briller. Je t'aime. Ton pote Kylian. » Le message est publié par Kylian Mbappé sur Instagram le 28 mai 2020. Arthur, cinq ans, vient de mourir d'une maladie rare. Arthur n'était pas, pour le footballeur, une relation virtuelle. Il avait parlé et joué avec lui.

Depuis juin 2017, Mbappé parraine l'association Premiers de cordée, qui promeut le sport à l'hôpital. Il se rend régulièrement dans des hôpitaux pour animer des ateliers d'initiation au football avec des enfants malades ou handicapés. « Il donne de son temps, ne cherche pas à médiatiser. Il vient, enlève son chapeau de star et joue avec eux comme avec ses frères, rapportait dans *Midi Libre*, en mai 2022, Sébastien Ruffin, le délégué général de l'association. « Si c'est un enfant de 6 ans, il va savoir lui parler et trouver les mots, expliquait-il aussi dans le livre d'Arnaud Hermant *Mbappé, le phénomène*. Et il n'éprouve pas de gêne vis-à-vis de la maladie, même devant un enfant sous

perfusion ou sans cheveux après une chimiothérapie. » Un jour, Premiers de cordée a emmené une troupe de jeunes malades visiter le Stade de France, où les attendait Mbappé, caché dans les vestiaires. « Quand les enfants l'on vu, ils n'y croyaient pas, reprend Sébastien Ruffin. Ils n'arrivaient pas à réaliser que c'était lui, en vrai, pour eux. » En novembre 2019, Kylian Mbappé a lancé sa propre fondation, Inspired by KM, qui accompagne 98 enfants ou adolescents de Seine-Saint-Denis (Mbappé est né en 1998) dans leurs projets de vie. L'association finance des cours de soutien scolaire, aide ceux qui viennent d'avoir le bac à louer un logement étudiant. Il avait participé lui-même au week-end d'intégration à Saint-Jean-de-Monts en Vendée et a aussi invité dix d'entre eux à la cérémonie du Ballon d'or 2019.

JEU 94

IL EXULTE TRANQUILLE

Des cris, des courses, des poings serrés, des chocs de poitrail, des embrassades mais pas de roulades éperdues au sol, d'invocations au ciel ni de torrents de sanglots. Lorsqu'il gagne, Kylian Mbappé exulte tranquille. Même au coup de sifflet final d'une Coupe du monde victorieuse ? « Je n'ai pensé à personne, mais à une seule chose : la coupe ! J'allais enfin pouvoir la toucher, la prendre, la soulever », raconte-t-il en juillet 2018 à *France Football*. Il tombe dans les bras d'Ousmane Dembélé mais n'entre pas en transe. « Ce n'était pas de la pudeur, car si j'avais dû pleurer de joie, je l'aurais fait, il n'y a aucune honte. Les larmes ne sont pas venues… Mais j'étais super fier et heureux, hein ! » Il pense aussi aux adversaires malheureux : « Les Croates étaient à cinq mètres de moi quand j'attendais pour recevoir mon trophée de meilleur jeune. Je n'allais pas crier sur tous les toits. » Dans les vestiaires, il laisse tranquille le fond de sa poche : « Je n'aime pas prendre mon téléphone pour envoyer des messages ou faire des vidéos. C'est une perte de temps. Il faut profiter de ces instants uniques. »

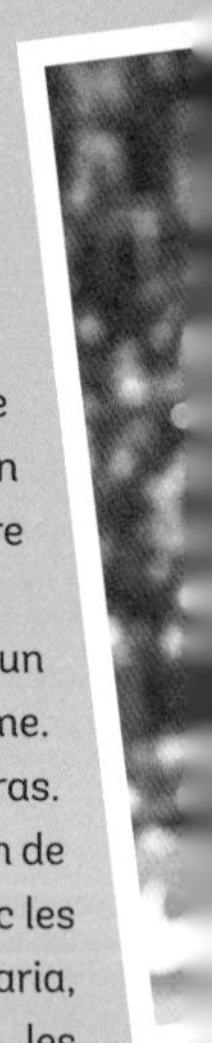

Si l'on se repasse les fins de match des plus grands succès de Kylian Mbappé, c'est la campagne de Ligue des champions 2019-2020 qui l'époumone le plus. La joie semble assez costaude et le câlin fort étroit, après sa passe décisive à Choupo-Moting, dans les arrêts de jeu de l'orgasmique victoire en quarts contre l'Atalanta Bergame (2-1, 90e + 3), à Lisbonne.

Mais il y a plus fort encore : le huitième retour contre le Borussia Dortmund (2-0), le 11 mars, dans un Parc des Princes vide, le soir où Paris vainc enfin la « malédiction » des éliminations en huitième. Mbappé récupère le ballon quand retentit le coup de sifflet, le dégage haut dans le ciel, écarte les bras. Les étreintes entre les Parisiens sont longues et intenses, le claquement de mains avec Tuchel plein de confiance. On retrouve Mbappé quelques minutes plus tard au balcon du Parc, qui communie avec les supporters restés à l'extérieur pour cause de Covid. Il hurle moins que Gueye, Kimpembe ou Di Maria, ne descend pas les rejoindre comme Kurzawa, mais savoure, assis sur la balustrade de béton, les jambes dans le vide… Auparavant, il a pris soin d'enlacer et d'emmener Neymar, qui pleurait de joie, la tête dans les mains, assis dans un escalier du gris vaisseau parisien.

All
ACCOR LIVE LIMITLESS
MBAPPE
10

Hotels.

JEU

95

CONTRE LE REAL, EN 2022, IL A TOUCHÉ AU SUBLIME

Si Donnarumma, cette grande courgette jaune à raie sur le côté, ne s'était pas pris pour Garrincha à la 61e minute, Paris aurait éliminé le Real Madrid, le 9 mars 2022 à Santiago-Bernabeu (défaite 3-1). Et, dans la geste de Kylian Mbappé, sa double confrontation avec les Merengue serait chantée avec des accents à jamais héroïques. Il y eut son triplé au Camp Nou (1-4), le 16 février 2021 contre le Barça (deux tirs du gauche, une frappe enroulée du droit) ; et il y a eu sa merveille de récital contre le Real.

À l'aller, au Parc des Princes, il fait tout. Un crochet fou sur Carvajal puis un centre parfait pour Di Maria pour la première occasion du match (5e), trois tirs cadrés (17e, 50e, 56e), dont le deuxième qui oblige Courtois à un exploit. C'est lui aussi qui obtient le penalty de la 60e minute (faute de Carvajal) gaillardement raté par Messi ; c'est lui enfin qui marque à la 94e minute (1-0). Servi à gauche par une talonnade de Neymar, il fend le bloc blanc formée par Militao et Vasquez d'un… non-dribble mémorable : alors qu'ils s'attendent à un grigri ou un passement de jambes, Mbappé profite du centième de seconde d'incertitude pour pousser la balle devant, foncer et propulser la balle sous la carcasse de Courtois.

À Madrid, dans un match bien plus serré, il marque… trois fois. Le premier but (34e), d'un sec plat du pied droit, de près, sur un centre de Nuno Mendes, comme le troisième (54e), du gauche, sur une passe de Neymar et après un crochet sur Courtois, sont annulés pour hors-jeu (de Nuno Mendes et de lui-même), mais ils disent la perfection technique absolue de Mbappé. Reste le deuxième. Partie de sa moitié de terrain sur un contre, la fusée Mbappé reçoit dans sa course un ballon de Neymar et, là encore, ça va trop vite. Alaba croit boucher l'angle, Courtois attend une frappe, mais en fait il y a déjà but, sur un tir croisé du droit le long du poteau (0-1, 39e). Sublime… mais vain.

PERSO 96

SON GRAND AMI, C'EST HAKIMI

« Achraf Hakimi, meilleur arrière droit du monde. Bonne nuit, les gars », tweete Kylian Mbappé, le 25 janvier 2022. Contre le Malawi, le Marocain, d'un coup franc direct, vient d'envoyer le ballon dans la lucarne et le Maroc en quarts de finale de la Coupe d'Afrique des Nations (2-1). Mbappé admire le joueur, mais apprécie aussi le bonhomme. Dès l'arrivée de l'Interiste au PSG, durant l'été 2021, la connexion s'établit entre les deux joueurs nés en 1998. « Cela s'est fait naturellement, dès le premier jour. On est jeunes, on a plein de choses en commun, les mêmes trucs nous amusent », s'enthousiasme Hakimi dans *Le Magazine L'Équipe*, en septembre.

S'il joue pour le Maroc, Hakimi est espagnol. Il est né à Madrid et a grandi en banlieue comme Kylian, qui parle le castillan. Au Camp des Loges, ils testent leur pointe de vitesse, enchaînent les « chi-fu-mi » (« pierre, feuille, ciseaux »), s'amusent tout l'hiver. Début avril, Hakimi poste sur Twitter une vidéo de Mbappé qui sert le thé chez lui, pour la fête du ftour, la rupture de jeûne du Ramadan. Dans *Téléfoot*, sur TF1, le 17 avril 2022, l'ancien du Borussia Dortmund prend position sur le futur de son pote : « J'ai envie qu'il reste ici pour qu'on profite. Est-ce que je lui dis ? Bien sûr, il le sait. »
Mais voilà que, le 9 mai, Mbappé et Hakimi, formé au Real Madrid, passent une journée de repos accordée par le PSG dans la capitale espagnole. Une visite touristique avant la signature ? Eh non : une semaine après la prolongation de Mbappé à Paris, Hakimi a révélé sur la chaîne espagnole Movistar+ qu'il était dans le secret du Dieu : « Les coéquipiers l'ont appris sur le terrain, mais, comme je suis ami avec Kylian, je l'ai su quelques jours plus tôt. Mais pas énormément non plus... »

« J'AI ENVIE QU'IL RESTE ICI POUR QU'ON PROFITE. »

ACHRAF HAKIMI

PERSO
97

CE N'EST PAS UN FÊTARD

Le 24 juillet 2016, l'équipe de France des moins de 19 ans bat l'Italie (4-0) en finale du Championnat d'Europe, à Sinsheim, en Allemagne. Un dîner est organisé à l'hôtel des joueurs, à Heidelberg, pas vraiment typique (pizza et nems...), même si le staff a autorisé la bière. Ça chante, ça joue au ping-pong... Un petit groupe décide de dénicher un night-club ouvert. On cherche Mbappé. Peine perdue. Il s'est éclipsé après une heure de repas pour remonter dans sa chambre. Dix mois plus tard, Monaco est sacré champion de France 2017 grâce à une victoire à Saint-Étienne (0-2). « On va bien faire la fête et, une fois que l'euphorie sera redescendue, il faudra se remettre au travail parce que le foot est une éternelle remise en question », ne se lâche pas Mbappé au micro de Canal+. Il laissera d'ailleurs ses coéquipiers sortir sans lui.

Et ainsi de suite... Même à Paris, même copain avec Neymar, Mbappé répond aux invitations de ses partenaires, se montre aux anniversaires mais ne rentre jamais trop tard. Par goût... et par dégoût de la médiatisation. « Je ne peux plus sortir à l'improviste avec des amis dans la rue et m'arrêter prendre une boisson, en terrasse, quand il fait beau, regrettait-il dès février 2018. Mais ce sont les risques du métier. Je les accepte car c'est ce que j'ai voulu. » Les vacances, pour lui, c'est passer inaperçu. Il est souvent retourné à Monaco, parce que les mœurs de la Principauté lui permettent de marcher dans la rue sans être assailli. En juin 2022, il part se reposer dans un hôtel de luxe très cher et très bien gardé de Marrakech. « Ne pas pouvoir sortir comme tout le monde lui a pesé, quelquefois », a reconnu sa mère dans *Paris Match*, en décembre 2021. Lors de ces crises existentielles, il lui est arrivé de le faire en cachette, déguisé. Cela me faisait une peur bleue. »

Un soir, il sort faire en Peugeot 207 le tour du périphérique parisien avec un ami, heureux comme un gosse d'abandonner ses gardes du corps. Sa mère n'en mène pas large. Mais Kylian a alors un argument définitif : « Maman, personne ne peut imaginer Kylian Mbappé dans une 207 rouge en train faire le tour du Périph ! »

CARRIÈRE 98

IL EST SYMPA avec ses ex

Une ou deux années passées à bien s'éclater, et puis je t'oublie, en prenant garde de ne jamais rappeler tes qualités pour ne pas surtout fâcher qui t'a succédé… Eh bien non, Kylian Mbappé n'est pas de ces footballeurs ni de ces hommes-là. Dans sa famille, on lui a appris à dire bonjour, merci et au-revoir. Unai Emery ne l'a dirigé qu'une seule saison (2017-2018) au PSG, mais Kylian pense à lui envoyer des fleurs : « Je n'oublie pas qu'il m'a aidé à m'adapter au sein d'une grande équipe, ce qui n'est pas facile, déclare-t-il en décembre 2018. J'éprouve beaucoup de respect pour cet homme, même s'il n'a pas réussi à Paris. Il a remporté des titres avant et je lui souhaite d'en gagner après. Je lui ai envoyé un message de félicitations lorsqu'il a signé à Arsenal et, maintenant, je le suis de loin. »

Lorsque Thomas Tuchel est congédié sans préavis le 23 décembre 2020, après un succès 4-0 au Parc contre Strasbourg, les joueurs sont informés par l'équipe dirigeante au fur et à mesure de la nuit. Pas grand monde ne réagit sauf Mbappé : « C'est malheureusement la loi du football, mais personne n'oubliera votre passage ici, tweete-t-il le lendemain. Vous avez écrit une belle ligne de l'histoire du club et je vous dis merci, coach. »

Quatre mois plus tard, en avril 2021, alors qu'il est sous les ordres Mauricio Pochettino, Mbappé défend encore le bilan du technicien allemand dans *Téléfoot* : « Après la finale perdue contre le Bayern (0-1, le 23 août 2020), on a tout de suite rejoué, on n'était pas bons, on était fatigués. Porter un jugement sur cette période, c'est injuste pour nous et pour l'ancien coach. »

Pochettino ? L'Argentin met six semaines à négocier le paiement ou non de ses tickets restaurants pour la saison 2022-2023, mais Paris annonce enfin « avoir mis un terme à sa collaboration » avec l'Argentin le 5 juillet 2022. Bien qu'encore en vacances, Mbappé, loin de fayoter auprès du nouveau coach Christophe Galtier, publie aussi sec sur Instagram une photo de Pochettino et lui qui se tiennent par l'épaule et la taille, accompagnée de ces mots : « Muchas gracias Mister. Un abrazo. » (« Merci beaucoup, Mister. L'accolade ! »)

STATISTIQUES 99

IL MARQUERA SON

1000e BUT

LE 3 AVRIL 2038 (CONTRE BREST)

Mbappé a marqué son ultime but de la dernière saison contre l'Autriche (1-1), le 10 juin 2022 à Vienne. C'était le 49e de son exercice 2021-2022 (toutes compétitions confondues) et alors le 225e de sa carrière en seniors. Maintenant, calculons : 1000 – 225 = 775 buts restant à marquer pour atteindre le millième. S'il continue de tourner à 49 buts par saison, 775/49 = 15,8. C'est donc à la fin de la seizième saison à venir que Kylian Mbappé sera en mesure d'atteindre son millième but, comme le fit Pelé avec Santos, le 19 novembre 1969, au Maracana, contre Vasco de Gama (sur penalty). Mbappé aura alors 39 ans, soit un an de moins que Zlatan Ibrahimovic, lequel vient encore de disputer vingt-sept matches avec l'AC Milan en 2021-2022. Nous serons en 2038, aux alentours de la 30e journée de Ligue 1, ce qui nous met à début avril. Attendez voir... Oui, c'est bon. Le 3 avril tombe un samedi. Ce soir-là, je vous fiche mon billet que Mbappé marquera du gauche contre Brest au Stade de France (2-0, 35e), avec le club résident depuis trois ans de l'enceinte dionysienne, l'AS Bondy bien sûr.

PERSO
100

Il aime jouer AU BALLON

La soirée n'en finit plus, ce 21 mai 2022 au Parc des Princes. Dix minutes avant le début du match contre Metz, en clôture de la saison, Kylian Mbappé, escorté du président Nasser al-Khelaïfi, a annoncé aux supporters, à tout Paris, à toute la France et à une Terre ronde comme un ballon qu'il avait prolongé au PSG jusqu'en 2025. Sur le terrain, il a plané et inscrit un triplé (5-0). Les supporters récalcitrants ont enfin cessé de bouder, se sont grisés à l'acclamer. Dans une cérémonie déchirante, Angel Di Maria a pleuré à ne plus pouvoir y mettre fin, avec son épouse et ses deux filles qui sanglotaient elles aussi. Un feu d'artifice a scintillé dans la nuit de mai. Marquinhos a brandi l'Hexagoal, sur un podium débordant de joie où ne manquait que Leonardo, pour le dixième titre national du club. Encore un tour d'honneur pour communier, et puis le Parc peu à peu s'est vidé.

Il est plus de minuit, désormais, et la saison est finie. Mais Kylian Mbappé reste là, avec Ethan, son petit frère, et un garçon d'une douzaine d'années. Les télés remballent, la senteur de poudre se dissipe, reste celle de l'herbe qui se répand dans la nuit. Les deux Mbappé, tranquilles, et ce gamin inconnu se passent un ballon. De petites passes douces, juste comme ça, en triangle. À moi, à toi, à lui, et ainsi de suite. Une caméra d'Amazon Prime vole l'instant. Mais Kylian s'en moque. Les caméras, il vit avec depuis si longtemps, maintenant... Il pousse le balle de l'intérieur du pied, c'est bon, toujours aussi bon, cette sensation de caresse et de contrôle. Il attend deux passes et elle revient. Il recommence, mais pas trop fort, pour être sûr qu'il ne s'arrête jamais, ce ballon qu'il aime tant faire rouler.

ACCOR LIVE LIMITLESS

INDEX DES NOMS PROPRES